Mein charmantes Zuhause

Stadtbücherei Ravensburg

Ausgeschieden: Stadtbücherei Ravensburg

Mein *charmantes* Zuhause

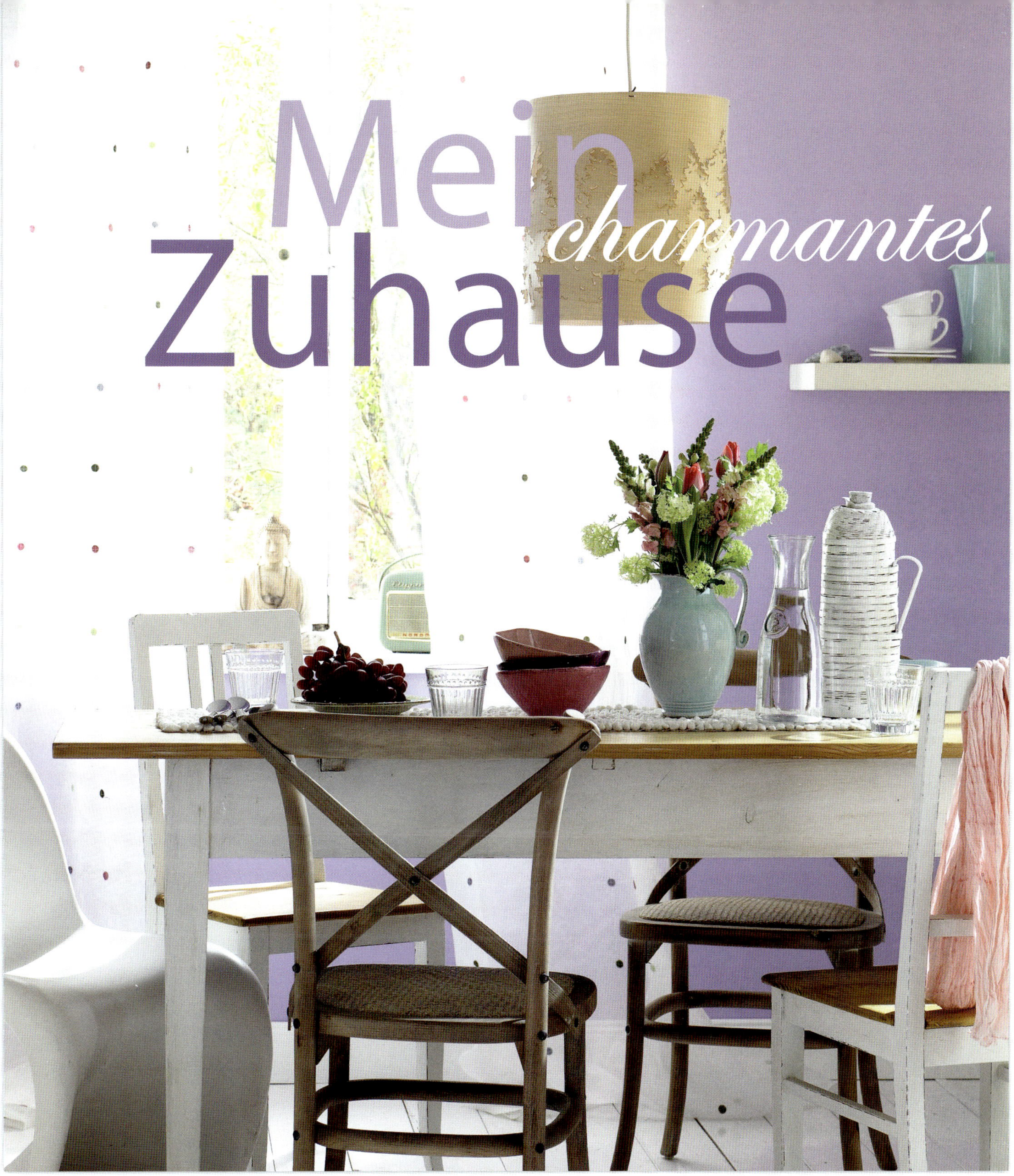

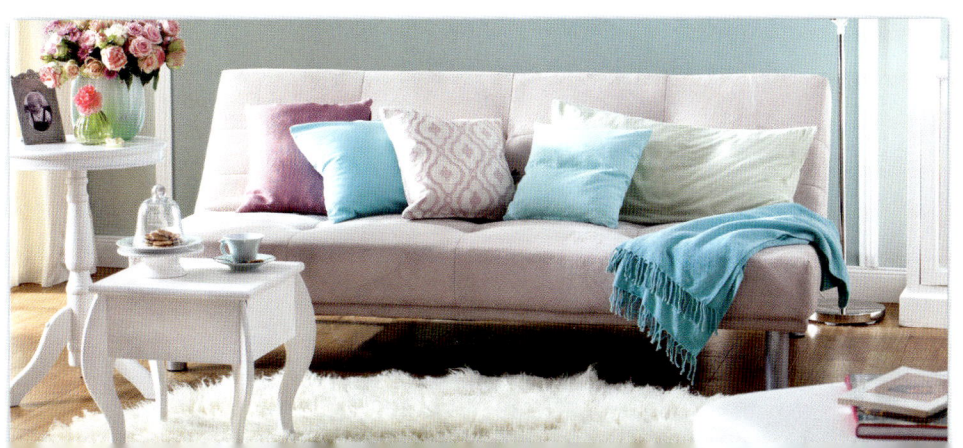

Mit exklusiven Vorher-Nachher-Projekten aus der

WOHN IDEE

Wohnen und Leben

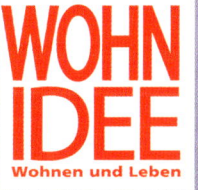

Inhalt

Vorwort	7
Ankommen	8
Romantischer Flur	10
Ein Flur in Höchstform	16
Landlust-Flur	20
Vorher-Nachher: Spiegelkommode	24
Wohnen	26
Wohnzimmer mit Frischekick	28
Die neue Gemütlichkeit	32
Vorher-Nachher: Wandgestaltung	36
Ein blühendes Wohnzimmer	38
Arbeiten	46
Wohlfühl-Arbeitszimmer	48
Vorher-Nachher: Schrank	54
Romantische Leseecke	56
Vorher-Nachher: Lesesessel	60
Kochen	62
Küche in Pastell	64
Vorher-Nachher: Anrichte	70
Moderne Landfrauenküche	72
Vorher-Nachher: Designer-Wanduhr	80
Essen	82
Skandinavischer Esstisch	84
Vorher-Nachher: Flaschenständer	88
Familien-Stammtisch	90
Mini-Küche	98
Vorher-Nachher: Landhaus-Tisch	102
Baden	104
Familien-Bad	106
Vorher-Nachher: Gäste-WC	114
Romantisch-rustikales Bad	116
Vorher-Nachher: Waschtisch	120
Schlafen	122
Romantisches Schlafzimmer	124
Folklore-Schlafzimmer	130
Landhaus-Schlafzimmer	134
Vorher-Nachher: Matrosen-Vorhang	136
Maritimes Schlafzimmer	140
Projekte-Quickfinder	142
Impressum	144

Vorwort

Sich mit schönen Dingen zu umgeben, macht glücklich. Wertvolle Erinnerungsstücke, ein Flohmarktfund oder eine alte Kommode aus dem Familienschatz erzählen Geschichten und verleihen Ihrer Einrichtung Persönlichkeit. Wie Sie kleine Details liebevoll in Szene setzen und damit in Ihren eigenen vier Wänden Charme versprühen, erfahren Sie auf den folgenden Seiten.

Bringen Sie mit wenigen Handgriffen Landlust-Chic in Ihren Stadt-Flur. Oder machen Sie aus einer Abstellkammer ein praktisch-schönes Home-Office, in dem das Arbeiten gleich doppelt so viel Spaß macht. Verwandeln Sie Ihr Wohnzimmer in einen blühenden Gute-Laune-Raum, ganz egal, wie draußen das Wetter ist. Verbreiten Sie in Ihrer Mini-Küche Kaffeehaus-Flair und bringen Sie frischen Wind in Ihr maritimes Schlafzimmer.

Für jeden Raum der Wohnung finden Sie zahlreiche kleine und große Ideen, die nicht nur schön, sondern gleichzeitig auch funktional sind; inklusive ausgewählten Vorher-Nachher-Projekten aus der Zeitschrift „Wohnidee", Schritt-für-Schritt-Anleitungen und praktischen Tipps aus der „Wohnidee"-Redaktion.

Zum Nachmachen unserer charmant-schnellen Projekte benötigen Sie ein wenig Pinsel und Farbe, Klebstoff und Schere, etwas Garn oder schöne Stoffe – und schon können Sie loslegen. Lassen Sie Ihren Deko-Charme spielen und verzaubern Sie Ihre Familie, Freunde und Gäste.

Ankommen

Der erste Eindruck zählt. Sieht der Flur einladend aus, fühlen sich Gäste sofort willkommen. Wir zeigen Ihnen, wie mit wenigen Accessoires Fantasie und Ordnung in den Eingangsbereich einziehen. Treten Sie ein!

Romantischer Flur

Diesen Eingangsbereich *werden aufgeräumte Romantiker lieben: Ein Nadelkissen dient als* Memo-Board, *nostalgische Fotos erleichtern die Ordnung an der* Garderobe *und an der Wandtafel steht, worauf es heute ankommt.*

ROMANTISCHER FLUR

Mit System: Namensschilder am Schuhschrank

SIE BRAUCHEN

Sperrholz
Acrylfarbe in Lila und Weiß
kleine Farbrolle
Buchstabenstempel
große Schraube oder Moosgummi
Klarlack
doppelseitiges Klebeband
Schleifpapier
Säge

ANLEITUNG

Sägen Sie die Schilder in der gewünschten Größe (hier: 10 x 30 cm) aus und schmirgeln Sie die Kanten glatt. Nun die Schilder rundherum mit der Farbrolle lila anstreichen. Danach gut trocknen lassen und die Farbrolle auswaschen. Verteilen Sie die weiße Farbe dann mit der Farbrolle gleichmäßig auf dem Stempel, platzieren Sie diesen auf dem Schild und drücken Sie ihn leicht auf. Vorgang wiederholen, bis die Namen vollständig sind.
Für die Punkte tauchen Sie eine große Schraube in die Farbe und stempeln diese auf das Schild. Alternativ können Sie aus Moosgummi einen kleinen Halbkreis zuschneiden und damit stempeln.
Streichen Sie die Schilder eventuell einmal mit Klarlack, danach wieder gut trocknen lassen. Mit doppelseitigem Klebeband befestigen Sie die Schilder zum Schluss auf dem Schuhschrank.

Hier kommt es nicht auf Perfektion an: Ein verrutschter Buchstabe bringt Humor in den Flur.

Originell: Wandtafel und Schmuckknäufe

Diese Schmuckknäufe sind fast genauso schön wie der Schmuck selbst.

SIE BRAUCHEN

FÜR DIE WANDTAFEL
selbstklebende Tafelfolie in Lila,
40 x 30 cm (für die Tafel),
2-mal 25 x 1,5 cm (für die Aufhängung)
Wandhaken
Wasserwaage
Bleistift
Kreide oder Kreidemarker in Weiß

FÜR DIE SCHMUCKKNÄUFE
Styroporkugeln, ø 6 cm
Filzwolle in Lila und Blau
mittlere Filznadel oder Sternnadel
lange Schraube
Heißklebepistole und Heißkleber
Nagelbohrer

ANLEITUNG

FÜR DIE WANDTAFEL
Zeichnen Sie die Maße der Wandtafel auf die selbstklebende Folie und schneiden Sie diese zu. Runden Sie dabei die Ecken ab. Dann aus der Folie zwei Streifen für die Aufhängung zurechtschneiden. Kennzeichnen Sie mit dem Bleistift auf der Wand die Höhe, auf der die Tafel abschließen soll. Damit es gerade wird, nehmen Sie die Wasserwaage zur Hilfe und zeichnen eine Linie vor. Die Tafelfolie von dieser Linie ausgehend aufkleben. Mittig ca. 15 cm über der Tafel einen Punkt markieren, von den oberen Tafel-Ecken links und rechts jeweils 5 cm nach innen hin abmessen und die Folienstreifen für die Aufhängung so anbringen, dass sie ein Dreieck bilden. Zuletzt den Wandhaken anbringen. Sie können die Tafel nun mit Kreide oder Kreidemarker nach Belieben beschriften, feucht abwischen und anschließend neu beschriften.

FÜR DIE SCHMUCKKNÄUFE
Legen Sie eine blickdichte Schicht lilafarbene oder blaue Wolle um die Styroporkugel und befestigen Sie diese zunächst mit wenigen Stichen. Beginnen Sie dann mit der Detailarbeit: Stechen Sie dabei nicht zu häufig auf einer Stelle ein. Andernfalls wird das Material bröselig und es können Vertiefungen oder Verformungen entstehen. Bohren Sie mit dem Nagelbohrer ein Loch in die fertig gefilzte Kugel, füllen Sie etwas Heißkleber hinein und stecken Sie sie auf eine lange Schraube. Zum Schluss die Schmuckknäufe in zufälliger Anordnung neben einem Spiegel an die Wand schrauben. Nutzen Sie die Aufhängung nicht für schwere Gegenstände.

TIPP:
Tafelfolie eignet sich gut für Raufaser- oder sonstige Tapeten, Glas, Fliesen, Holz oder Kunststoff und kann jederzeit wieder abgelöst werden.

ROMANTISCHER FLUR

Romantisch: Tapeten-Deko und Memo-Nadelkissen

Hier erhalten Notizen und Erinnerungsstücke den passenden Rahmen.

SIE BRAUCHEN

FÜR DIE TAPETEN-DEKO
Tapetenreste in Lila mit Toile-de-Jouy-Motiv
doppelseitiges Klebeband
Bleistift
Schere oder Cutter mit Schneidunterlage

FÜR DIE MEMO-NADELKISSEN
mehrere Bögen extra starke weiße Pappe
Volumenvlies
Stoffreste
doppelseitiges Klebeband
Telleraufhänger
Schere oder Cutter mit Schneidunterlage
Heißklebepistole und Heißkleber
Nagel oder Schraube

ANLEITUNG

FÜR DIE TAPETEN-DEKO
Damit Ihre Pumps wissen, wo sie hingehören: Zeichnen Sie Stiefel und Regenschirm auf Tapetenreste und schneiden Sie diese zu. Falls Sie nicht frei Hand zeichnen möchten, finden Sie in Zeitschriften passende Motive, die Sie mithilfe von Transparentpapier abpausen und mit dem Kopiergerät auf das entsprechende Format vergrößern können. Kleben Sie beides mit doppelseitigem Klebeband an die Wand.

FÜR DIE MEMO-NADELKISSEN
Zeichnen Sie einen Rahmen auf die Pappe und schneiden Sie diesen aus. Schneiden Sie aus der Mitte des Rahmens je nach Rahmenform ein Oval, einen Kreis oder ein Rechteck heraus und bekleben Sie es mit Volumenvlies. Anschließend mit Stoff umspannen, den Stoff auf der Rückseite mit doppelseitigem Klebeband befestigen. Aus einem neuen Bogen Pappe schneiden Sie nun eine Rückplatte für den Rahmen zu. Drücken Sie das Oval wieder in den Rahmen und kleben Sie beides zusammen mit Heißkleber auf die Rückplatte. Befestigen Sie an der Rückseite einen Telleraufhänger. Je nach Wandbeschaffenheit hängen Sie das Memo-Nadelkissen mit Nagel oder Schraube an der Wand auf.

Nostalgisch: Familiengalerie

SIE BRAUCHEN

alte Bilderrahmen
Garderobe mit nostalgischen Haken
Portraitfotos der Familienmitglieder in passender Größe
(wahlweise in Schwarz-Weiß oder wie hier in Sepiadruck)

ANLEITUNG

Für diese Familiengalerie benötigen Sie alte Bilderrahmen vom Flohmarkt oder aus Ihrem Fundus. Befestigen Sie diese oberhalb der Garderobe an der Wand und versehen Sie sie mit Porträtfotos aller Familienmitglieder in Schwarz-Weiß oder in Sepia. So erhält jeder seinen speziellen Platz an der Garderobe.

Alt oder neu? Diese Familienfotos sind zeitlos schön.

ROMANTISCHER FLUR

Wie im Hotel: Schlüsselkasten

SIE BRAUCHEN

kleiner Schlüsselschrank
Papier in Rosa mit schwarzen Punkten
Acrylfarbe in Rosa Chiffon
doppelseitiges Klebeband
farblich passendes Schleifenband
Dekorkordel in Altrosa
Bastelkleber
Schere
Pinsel

ANLEITUNG

Schrauben Sie den Knauf von der Schranktür und streichen Sie ihn mit Acrylfarbe in Rosa Chiffon. Gut trocknen lassen. Versehen Sie das Papier rückseitig mit doppelseitigem Klebeband und schneiden Sie es auf die jeweiligen Schrankteile zu. Dann die Trägerfolie entfernen und den Schrank bekleben. Das Schleifenband kleben Sie als Abschluss mit Bastelkleber über die Kanten. Zum Schluss schrauben Sie den Knauf wieder an die Schranktür, wickeln die Kordel einige Male um den Knauf und fixieren diese mit Bastelkleber.

Die Mini-Vasen in Türkis und Blau sorgen für einen frischen Kontrast.

Ein Flur in Höchstform

Dieser Flur verleiht Ihnen den richtigen Schwung. Die *Sitzbank* ist dank Streifen und *Gute-Laune-Polster* ein echter Hingucker. Durchnummerierte Kisten sorgen für *Ordnung* und bewahren doch alle Geheimnisse.

FLUR IN HÖCHSTFORM

Zum Anbeißen: Sitzbank

SIE BRAUCHEN

FÜR DIE BANKAUFLAGE
Schaumstoffblock in gewünschter Größe,
z. B. 80 x 50 x 10 cm
Streifen-Baumwollstoff, ca. 1,30 m
(140 cm breit)
Näh-Grundausstattung

FÜR DIE RÜCKWAND
Schaumstoff in gewünschter Größe,
z. B. 2 x 180 x 60 cm
Polyesterwatte, 125 x 185 cm
Sprühkleber
groß gemusterter Baumwollstoff
Ösen (zum Einschlagen), M 40 mm
Näh-Grundausstattung

Das graue Streifenmuster bildet einen harmonischen Ausgleich zum knalligen Stoff der Rückwand.

ANLEITUNG

FÜR DIE BANKAUFLAGE
Schneiden Sie 2 Rechtecke zu, die so breit und hoch sind wie der Schaumstoffblock plus die Tiefe des Blocks sowie 2 Nahtzugabenbreiten (2 cm).
Nähen Sie die beiden Rechtecke ringsum bis auf eine lange Wendeöffnung an einer Längsseite zusammen. Bügeln Sie die Nahtzugaben der Wendeöffnung jeweils auf die linke Stoffseite.
Nähen Sie an allen vier Ecken Bodennähte wie folgt: Legen Sie an einer Ecke beide Nähte bündig übereinander. Streichen Sie das Dreieck flach und ermitteln Sie, an welcher Stelle das Dreieck so breit wie die Tiefe des Schaumstoffblocks ist. Zeichnen Sie diese Linie mithilfe eines Geodreiecks im 90°-Winkel zur Naht ein und steppen Sie sie ab. Schneiden Sie das Dreieck bis auf Nahtzugabenbreite zurück. Verfahren Sie so auch an den anderen drei Ecken. Wenden Sie den Bezug, ziehen sie ihn über den Schaumstoffblock und schließen Sie die Wendeöffnung von Hand mit Leiterstichen.

FÜR DIE RÜCKWAND
Schneiden Sie 2 Rechtecke zu, die so breit und hoch sind wie der Schaumstoffblock plus die Tiefe des Blocks sowie 2 Nahtzugabenbreiten (2 cm). Stecken Sie die beiden Platten (Vorder-, Rückseite) rechts auf rechts zusammen und nähen Sie sie aufeinander, sodass mittig in der Unterkante des Bezugs eine Öffnung von ca. 80 cm bleibt. Den Bezug umkrempeln. Schaumstoff rundum mit Watte bekleben. Schaumpolster zusammenknicken und durch die Öffnung in den Bezug stecken. Schließen Sie die Öffnung an der Unterkante mit Nadeln und nähen Sie sie mit der Maschine oder von Hand zu. Markierungen für die Position der Ösen anbringen. Die großen Ösen können Sie beim Raumausstatter kaufen und einschlagen lassen.

Längs gestreift: Kissenbezug

SIE BRAUCHEN

2 Stoffstücke mit Streifenmuster, 52 x 52 cm
Reißverschluss, 40 cm, Opti S40, farblich passend
Näh-Grundausstattung

TIPP:
Die roten Streifen bilden eine wunderbare Verbindung zwischen dem großen Muster der Rückwand und der gepolsterten Bankauflage.

ANLEITUNG

Legen Sie die beiden Stoffstücke rechts auf rechts und an einer Seite (untere Kante, Reißverschlusskante) zusammen. Hierbei die Naht nach 6 cm mit drei bis vier Rückstichen sichern, dann weitersteppen. Nach 40 cm wieder mit einigen Rückstichen sichern. Fertig steppen. Nahtzugabe von links auseinanderbügeln.
Den Reißverschluss mit der Rückseite nach oben auf die aufgebügelte Naht legen und von Hand festheften. Die Naht zwischen den beiden Riegeln auftrennen. Den Reißverschluss von rechts mit dem Reißverschlussfüßchen 0,7 cm zur Nahtkante einnähen. Heftfaden entfernen, Reißverschluss ca. 10 cm offen lassen und die restlichen Seiten ringsum zusammensteppen. Bügeln Sie die Nahtzugaben auseinander und wenden Sie das Kissen auf rechts.

Egal, ob quer- oder längs gestreift: Dieses Muster macht immer eine gute Figur.

FLUR IN HÖCHSTFORM

Durchnummeriert: Ordnungshüter

SIE BRAUCHEN

offene Boxen in Schwarz oder Grau
Zahlen- und Buchstabenstempel
Acrylfarbe in Weiß
Papier, verschiedene Farben und Muster
Pappe
Zirkel oder runder Behälter
Drahtstück oder Kabelbinder
Bastelkleber
Locher

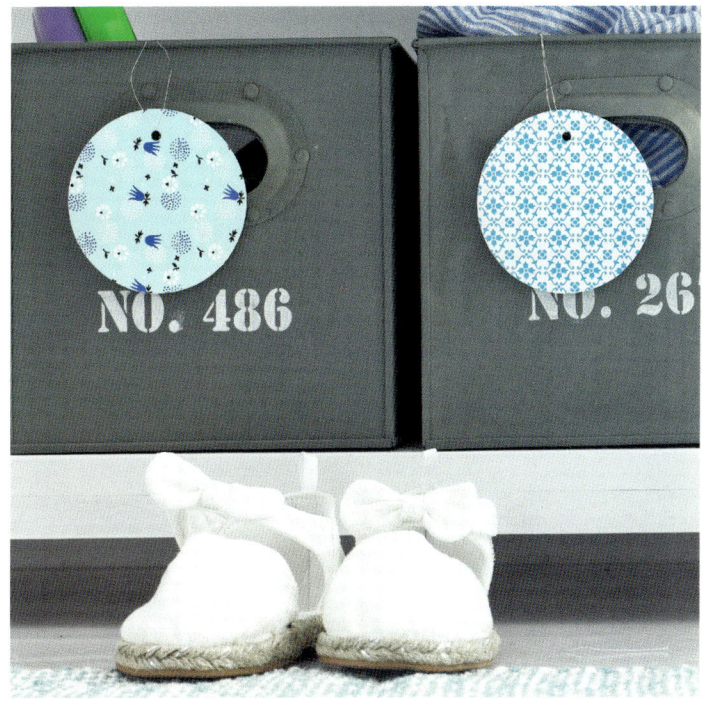

ANLEITUNG

Stempeln Sie auf jede Kiste eine andere Nummer. Gut trocknen lassen. Kleben Sie inzwischen das Papier auf die Pappe und zeichnen Sie mithilfe des Zirkels oder des runden Behälters Kreise in der gewünschten Größe auf die Rückseite. Schneiden Sie diese aus und versehen Sie jedes Kreis-Schild mit einem Loch und einem Anhänger. Befestigen Sie zum Schluss an jeder Kiste ein Kreis-Schild.

Geheimcode Blau: Diese Schilder bewahren ihr kleines Geheimnis.

Ein Landlust-Flur

In diesem Flur fühlen Sie sich selbst in einer Stadt-Wohnung wie mitten auf dem Land. *Ein origineller* Hingucker *ist die Vogelhäuschen-Garderobe. Dahinter versteckt sich ein* geräumiger Schrank *mit Platz für eine umfangreiche Schuh-Sammlung.*

LANDLUST-FLUR

Ausgeflogen: Vogelhäuschen-Garderobe

SIE BRAUCHEN

Vogelhäuschen
Garderobenhaken
6 bis 7 Wandtattoos in Vogel-Form
Dübel und Schraube
Bohrmaschine

ANLEITUNG

Bringen Sie an der Vorderseite des Vogelhäuschens den Garderobenhaken an und befestigen Sie es mit Dübel und Schraube an der Wand. Die Vogel-Wandtattoos können Sie rundherum auf die Wand kleben, sodass die Vogel-Versammlung zufällig wirkt. Die eigentliche Garderobe haben wir im Schrank versteckt, aber wenn Sie Ihre Jacke mal eben am Vogelhäuschen aufhängen, sieht es garantiert nie unaufgeräumt aus, sondern charmant und originell.

*Haustiere bringen Leben in die Wohnung.
Diese hier sind besonders pflegeleicht.*

Kleidsamer Stauraum: Schuhschrank und Schuhkartons

SIE BRAUCHEN

FÜR DIE SCHUHKARTONS
Kartons in verschiedenen Größen
Papiere in Weiß, Grau und mit Blütenmuster
Buchstaben- und Schuh-Stempel
feste Bastelfolie, transparent
(für das Sichtfenster)
Buntstifte
Bastelkleber

FÜR DEN SCHUHSCHRANK
Regalbrett
5 Schuhablagen
Vorhangstange
Vorhang mit Blumenmuster

ANLEITUNG

FÜR DIE SCHUHKARTONS
Karton mit Stempel
Bekleben Sie entweder den Deckel mit dem weißen und den Karton mit dem grauen Papierbogen oder andersherum: Dazu auf die 4 Seitenteile je zwei passende Streifen Doppelklebeband kleben. Deckel oder Karton wie ein Geschenk einpacken, dabei das Papier über alle Kanten nach innen einschlagen und ebenfalls verkleben. Stempeln Sie zum Schluss den gewünschten Schriftzug oder das Schuh-Motiv auf.

Karton mit Sichtfenster
Deckel wie oben beschrieben mit Blütenmuster einschlagen. Schneiden Sie dann auf einer Längsseite im Deckel ein Fenster aus und hinterkleben Sie es von innen mit einem Streifen transparenter Bastelfolie. Nun ein Katalog-Foto der entsprechenden Schuhe auf weißes Hintergrundpapier kleben und das Bild einschieben.

FÜR DEN SCHUHSCHRANK
Messen Sie zunächst die Breite und Tiefe der Nische, die Sie als Schuhschrank verwenden möchten, aus und lassen Sie das Regalbrett auf die richtige Größe zuschneiden. Bringen Sie dieses zuoberst und die Schuhablagen im gleichen Abstand darunter an, sodass auf dem Boden Platz für hohe Schuhe und Stiefel bleibt. Zuletzt die Vorhangstange einpassen und den Vorhang anbringen.

In dieser Galerie werden schöne Schuhe zu kleinen Kunstwerken.

Der richtige Rahmen: Wandbord mit Zierprofil

SIE BRAUCHEN

Regalbretter, ca. 30 cm breit
Zierprofile
Acrylfarbe im Farbton der Regalbretter
Aufbauleuchten
evtl. Wandfarbe, Farbton nach Wahl

Moderne und nostalgische Gestaltungselemente, wie die verspielte Hängeleuchte, bilden einen reizvollen Kontrast.

ANLEITUNG

Umlaufende Wandborde rahmen den Raum von oben und schaffen weitere Ablagemöglichkeiten. Mit Zierprofilen verschönert und in der passenden Farbe gestrichen, wird das Bord zum Hingucker in jedem Flur. Nach unten hin versorgt es mithilfe kleiner Aufbauleuchten den Dielenraum mit Licht. Um den oberen Bereich noch stärker hervorzuheben, können Sie die Wandfläche mit einer anderen Farbe akzentuieren.

VORHER

Aus der alten Spiegelkommode ...

Aus alt mach neu: Durch Abbeizen gewinnt diese Kommode ihre zeitlose Schönheit zurück – jenseits von allen Lackmoden. Als helles, schlichtes Möbel lässt sie sich trotz ihrer Schnörkel gut mit modernem Design kombinieren.

SIE BRAUCHEN

Abbeizer oder Lauge
Flachpinsel
Malerspachtel
evtl. bunte Stadtpläne, Postkarten und andere Erinnerungsstücke
evtl. Glasplatte, vom Glaser zugeschnitten

ANLEITUNG

Tragen Sie beim Abbeizen unbedingt einen Mundschutz, eine Schutzbrille und Arbeitsschuhe. Sorgen Sie für ausreichende Frischluftzufuhr! Tragen Sie den Abbeizer mit einem Flachpinsel auf der gesamten Oberfläche auf und lassen Sie ihn einwirken. Sobald der Lack oder die Farbe mit dem Abbeizer reagiert und sich löst, können Sie den Farbfilm mit einem Spachtel entfernen. Reste des Abbeizmittels und die abgelösten Farben und Lacke entsorgen Sie im Sonderabfall. Wenn Sie mögen, verteilen Sie auf der Kommode Stadtpläne, Postkarten, Fotos oder Tickets aus Ihrer Lieblingsmetropole. Lassen Sie dann am besten vom Glaser eine Glasplatte in den entsprechenden Maßen anfertigen, die Sie zum Schutz darüberlegen.

TIPP: VERSTECKTE SCHMUCKHALTER

Hinter den Seitenflügeln lassen sich an Haken und Griffen wunderbar kleine Dinge verstecken. Klappt man die Flügel um, werden sie zu dekorativen, individuell gestalteten Memoboards. Ein Schubladengriff mit Mulde dient z. B. als Stiftablage. Schlichte Rundhaken machen sich als Schmuckhalter nützlich. Kleine Magnete bewahren wichtige Notizen an zierlichen Metallleisten auf.

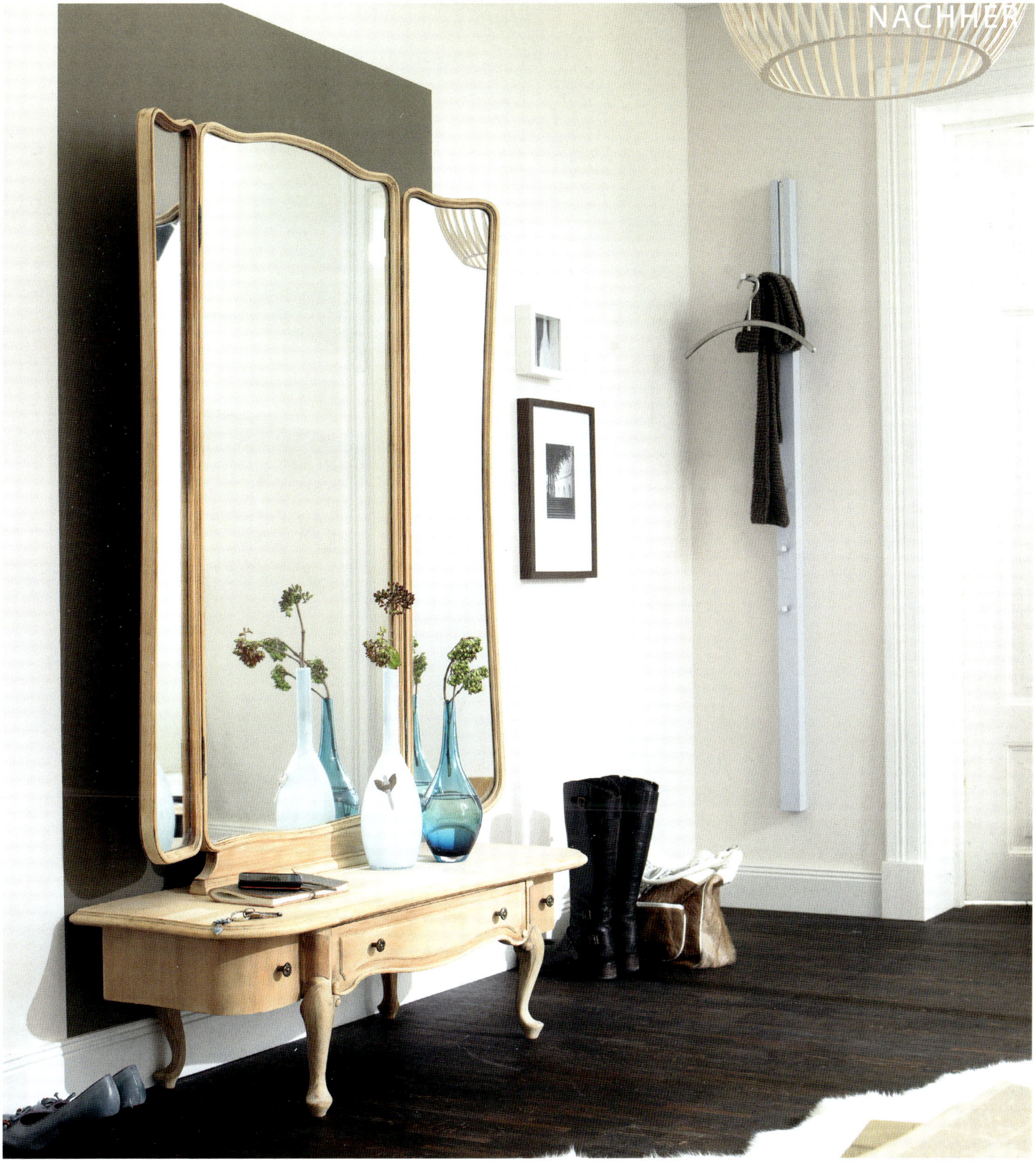

NACHHER

... wird ein Glanzstück

VORHER-NACHHER-TIPP
AUS DER

Wohnen

Das Wohnzimmer ist das Wohlfühl-Zentrum der Wohnung. Hier verbringt man die lauen Stunden des Tages, trifft sich, redet und relaxt. Machen Sie es sich gemütlich!

Wohnzimmer mit Frischekick

In diesem Wohnzimmer setzen knallige Farben fröhliche Akzente *und sorgen für* Leichtigkeit: *Streifen, Karos, Blumenmuster bringen Lampenschirme, Kisten und Körbchen* zum Strahlen.

WOHNZIMMER MIT FRISCHEKICK

Geringelt: Häkelschütten

SIE BRAUCHEN

Baumwollgarn in Weiß und Orange,
je ca. 50 g
passende Häkelnadel

ANLEITUNG

In Weiß 6 Luftmaschen anschlagen und diese und alle folgenden Runden mit 1 Kettmasche schließen. In der 1. Runde 6 feste Maschen häkeln. In der 2. Runde feste Maschen häkeln und dabei jede Masche verdoppeln = 12 Maschen. In der 3. Runde jede 2. Masche verdoppeln = 18 Maschen. In den folgenden Runden nacheinander jeweils die 3., 4. und 5. Masche verdoppeln. Nach diesem Schema weiterarbeiten, bis der Boden die gewünschte Größe hat.
Ab jetzt feste Maschen in Runden ohne Zunahmen arbeiten und jede Runde mit einer Kettmasche schließen. Mit 1 Runde in Orange beginnen und abwechselnd 1 Runde in Weiß und 1 Runde in Orange häkeln, bis die gewünschte Höhe erreicht ist. Mit einer Runde in Orange enden. Zuletzt den oberen Rand in Orange wie folgt umhäkeln:
* 1 Kettmasche, 1 feste Masche, 1 halbes Stäbchen, 1 Stäbchen, 1 halbes Stäbchen, 1 feste Masche, ab * wiederholen bis zum Ende der Runde.

*Diese Streifen verursachen gute Laune
und sind kinderleicht nachzuhäkeln.*

Leuchtet ein: Lampenschirm

SIE BRAUCHEN

karierter Baumwollstoff
in Grün-Weiß,
ca. 0,60 m
Gummiband, 2-mal ca. 0,80 m,
5–7 mm breit

ANLEITUNG

Messen Sie die Höhe des Lampenschirmes und geben Sie jeweils ein Drittel des oberen und unteren Durchmessers hinzu (= Höhe des Rechtecks). Als Breite multiplizieren Sie den größten Umfang des Schirmes mal ca. 1,2 (= Breite des Rechtecks). Schneiden Sie ein Rechteck mit den ermittelten Maßen zu, rechts auf rechts quer zur Hälfte falten, die kurzen Kanten bis auf 3 cm am Anfang und Ende zusammennähen, sodass ein Schlauch ensteht. Nahtzugaben auseinanderbügeln.

Für die Tunnel bügeln Sie die Längskanten des Rechtecks jeweils 1 cm und dann noch einmal 2 cm nach innen um (die seitliche Nahtzugabe ist dabei nach innen geklappt) und steppen den Tunnel an der inneren Bruchkante rundum schmalkantig fest. In die Tunnel ein Gummiband einziehen, die Enden jeweils etwas überlappend flach zusammenziehen. Ziehen Sie beide Gummibänder fest, bis sich der Bezug eng um den Schirm schmiegt, machen Sie einen Knoten und verstecken Sie den Rest in den Tunneln.

TIPP:
Wenn Sie zwei Stehleuchten nebeneinander stellen, bietet es sich an, verschiedene Stoffmuster zu verwenden und so farbige Akzente zu setzen. Achten Sie aber darauf, dass sich einige Farbtöne – wie hier das Grün und das Weiß – wiederholen.

Weiße Wände und Möbel wirken aufgeräumt. Kleine Farbtupfer lockern die Strenge auf und sorgen für Spannung.

WOHNZIMMER MIT FRISCHEKICK

Gut verhüllt: Bezug für Pappkarton

SIE BRAUCHEN

Papp- oder Holzkiste mit Deckel
gemusterter Baumwoll- oder Dekostoff,
ca. 2,20 m (150 cm breit)
Holzleim

ANLEITUNG

Ermitteln Sie die Größe der Bodenflächen und Seiten der Kiste. Zeichnen Sie auf die linke Stoffseite die Bodenfläche und die angrenzenden Seitenflächen auf, sodass das Schnittmuster wie ein großes Kreuz aussieht. Geben Sie nun an den oberen Kanten der Seitenflächen ca. 5–10 cm, an den Seitenkanten ca. 3 cm Nahtzugaben hinzu, ausschneiden. In den Innenecken teilen Sie die Nahtzugaben mittig im 45°-Winkel. Nun die Bodenfläche der Kiste dünn mit Holzleim einstreichen und mittig auf die linke Stoffseite stellen. Anschließend zwei gegenüberliegende Seitenflächen der Kiste mit Leim bestreichen, den Stoff von unten nach oben andrücken und glatt streichen, die Nahtzugaben um die Kanten legen, ebenso die Oberkante, danach die verbliebenen Seitenflächen bekleben, dafür die Nahtzugaben zunächst mit etwas Leim nach innen festkleben und dann erst auf die Kiste kleben, an der Oberkante evtl. Stoff zurückschneiden.

Verfahren Sie genauso, um den Deckel zu beziehen.

*Beistelltisch und Geheimversteck zugleich.
Und außerdem ein echtes Unikat!*

Die neue Gemütlichkeit

Dieses Wohnzimmer strahlt *Wärme* aus. Die Hauptrollen spielen *sanfte Farben,* weiche Stoffe und *sinnliche* Formen. Ein falscher Kaminsims wärmt *die Seele* und eine Schale aus Häkelgarn das Obst.

GEMÜTLICHES WOHNEN

Wärmt: Gehäkelte Obstschale

SIE BRAUCHEN

Zpagetti (dicke Textilschnüre) in Weiß, ca. 100 g
Bambus-Häkelnadel, 12 mm

ANLEITUNG

6 Luftmaschen anschlagen und mit 1 Kettmasche zur Runde schließen. Alle folgenden Runden ebenfalls mit 1 Kettmasche schließen. In der 1. Runde 6 feste Maschen häkeln. In der 2. Runde feste Maschen häkeln und dabei jede Masche verdoppeln = 12 Maschen. In der 3. Runde jede 2. Masche verdoppeln = 18 Maschen. In den folgenden Runden nacheinander jeweils die 3., 4. und 5. Masche verdoppeln. Nach diesem Schema weiterarbeiten, bis der Boden die gewünschte Größe hat.

Nun noch 1 Runde feste Maschen ohne Zunahmen arbeiten. 1 Runde einfache Stäbchen häkeln, dabei jedoch nur in das hintere Maschenglied einstechen. Noch 1 Runde feste Maschen, 1 Runde Stäbchen und 1 Runde feste Maschen häkeln, dabei ebenfalls nur in die hinteren Maschenglieder einstechen. Zuletzt den oberen Rand mit 1 Runde Picots umhäkeln. Dafür * 3 Luftmaschen und 1 feste Masche in die 1. Luftmasche häkeln. 1 feste Masche übergehen, ab * fortlaufend wiederholen.

In diesem Raum dominieren streichelweiche Materialien und warme Farben.

Kontrastreich: falscher Kaminsims

SIE BRAUCHEN

Stil-Tapete
Kaminumrandung aus Gips
Vogelhäuschen

ANLEITUNG

Stil-Tapeten sind den Dessins und der Farbgestaltung vergangener Epochen angepasst. Tapezieren Sie eine Wohnzimmerwand mit einer Stil-Tapete nach Ihrem Geschmack und setzen Sie eine historisch anmutende Kaminumrandung davor. Einen witzigen Stilbruch erzeugt das Vogelhäuschen, das über der Kaminumrandung an der Wand befestigt wurde.

*Harmonisches Duo:
Die großen Windlichter wirken wie aus Großmutters Stube, die kleinen wie aus 1001 Nacht.*

*Statt echtem Feuer strahlt hier
ein moderner Leuchtpilz.*

GEMÜTLICHES WOHNEN

Gepunktet: Stuhlkissen

SIE BRAUCHEN

Baumwollstoff mit Samtnoppen in Blau
Stuhlkissen
Reißverschluss
Näh-Grundausstattung

ANLEITUNG

Messen Sie zunächst die Größe des Kissens aus und schneiden Sie die Vorderseite inklusive Nahtzugabe aus dem Stoff zu. Für die Rückseite zwei Teile, die jeweils halb so groß wie das Vorderteil sein sollten, mit jeweils 1 cm Nahtzugabe zuschneiden. Die beiden rückwärtigen Kissenteile an der Reißverschlussnaht ca. 5 cm zunähen. Die Nahtzugaben auseinanderbügeln und den Reißverschluss einnähen. Dann die Vorder- und die Rückseite des Kissens rechts auf rechts aufeinandernähen, das Kissen wenden und die Kanten bügeln.

Anschließend das Kissen wieder auf die linke Seite wenden und die Ecken abnähen. Hierzu die Nähte rechts auf rechts aufeinanderlegen, zunächst eine Ecke mit Nadeln quer abstecken, das Kissen wieder wenden und die Passform überprüfen. Dann alle Nähte abnähen und die Kanten bügeln.

TIPP:
Nähen Sie aus dem gleichen Stoff ein kleines Deko-Kissen.

Die Fenster kleiden zarte, wie Perlmutt schimmernde Voiles mit folkloristischer Stickerei.

VORHER

Aus einem einfachen Sofa ...

Stuckelemente verleihen normalerweise den Übergängen von der Wand zur Decke ein edles Aussehen. Hier werden sie ins Zentrum der Wand gerückt und bilden den Rahmen für das Sofa, das auf diese Weise zum barocken Lieblingsplatz avanciert.

SIE BRAUCHEN

Wandfarbe in Türkis, Tönung 100 und 60 Prozent
Dekorleisten aus Styropor
Acrylfarbe in Weiß
Pinsel, Malerrolle und Malerkrepp
Montagekleber
Accessoires wie Kissen, Tagesdecke, Hochflorteppich und Kronleuchter

ANLEITUNG

Bestimmen Sie die Größe des Schmuckrahmens und lassen Sie sich die Dekorleisten im Baumarkt entsprechend zuschneiden. Mit weißer Acrylfarbe streichen, gut trocknen lassen. Den Rahmen auf der Wand anzeichnen, zunächst außen mit der abgetönten Wandfarbe streichen. Trocknen lassen. Abkleben und innen mit Volltonfarbe streichen. Bringen Sie nun die Dekorleisten mithilfe des Montageklebers an, fest andrücken.
Positionieren Sie das Sofa mittig vor dem Rahmen und statten Sie Ihren neuen Lieblingsplatz mit passenden Accessoires aus. Achten Sie bei der Farbwahl darauf, dass sich die Wandfarbe auch hier wiederholt. Kontrastfarben, wie Rot oder Rosa und Weiß, sorgen für Spannung.

TIPP: ALTERNATIVE WANDGESTALTUNG

Auch eine Bilder-Galerie kann einen tollen Rahmen für das Sofa bilden. Hierfür legen Sie eine rechteckige Fläche fest, an deren Außenrändern sich die Kanten der Bilderrahmen orientieren. Innerhalb des gedachten Rahmens sind Sie in der Ausrichtung der Bilder flexibel. Setzen Sie höchstens zwei verschiedene Bilderrahmenfarben ein, damit die Wand nicht zu unruhig wirkt.

... wird ein romantischer Lieblingsplatz mit Wohlfühlgarantie

Ein blühendes Wohnzimmer

Ein Wohnzimmer wie ein Garten: *Blumenmuster zieren die Sesselhusse und das Sitzkissen von außen, die Schublade sogar von innen. Schöner als* echte Blumen *und viel unkomplizierter sind Blumenteller an der Wand und* Papierblüten *in der Vase.*

Blumig: Sofa-Überwurf

SIE BRAUCHEN

geblümter Baumwollstoff
für das Vorderteil
einfarbiger Baumwollstoff in Weiß
für die Rückseite
aufbügelbares Volumenvlies
Näh-Grundausstattung

ANLEITUNG

Stimmen Sie die Breite des Überwurfs auf die Sofagröße ab. Bei der Berechnung der Länge addieren Sie die Höhe des Sofa-Fußteils, die Sitzfläche und die Rückenhöhe und geben ca. 50 cm zu, damit Sie den Überwurf später bequem über die Sofakissen umschlagen können. Das Vorderteil und die Rückseite ringsum mit 1 cm Nahtzugabe zuschneiden. Auf das gesamte Vorderteil Volumenvlies bügeln, welches ringsum ca. 1 cm übersteht. Steppen Sie nun beide Schnittteile rechts auf rechts aufeinander, dabei das Volumenvlies mitfassen. Eine 40 cm breite Öffnung zum Wenden des Überwurfs offen lassen. Die Nahtzugaben auf 5 mm zurückschneiden und die Ecken schräg abschneiden. Wenden Sie nun den Überwurf, bügeln die Nähte und nähen die Öffnung von Hand zu.

Schont das Sofa und holt den Sommer ins Wohnzimmer.

Rosenkleid: geblümte Sesselhusse

SIE BRAUCHEN

Baumwoll- oder Dekostoff
Packpapier
Maßband
Stift
Schere
evtl. Klettband

ANLEITUNG

Um Ihren alten Lieblingssessel an die neue Einrichtung anzupassen, messen Sie jede Fläche Ihres Sessels aus und fertigen Sie Schnittteile inkl. Nahtzugaben (2 cm, am Saum 4 cm) an. Im ersten Schritt nähen Sie das Rückenteil und die Seitenblenden zusammen, im zweiten Schritt die Vorderseiten (vordere Lehne, Sitzfläche, vordere Blende) sowie die inneren und oberen Blenden der Lehnen. Lassen Sie jeweils am Anfang und Ende der Naht eine Nahtzugabenbreite frei. Im dritten Schritt nähen Sie die beiden Hälften rechts auf rechts aufeinander. Die unteren Seitenblenden können Sie auch mithilfe eines Klettbandes zusammenhalten, dazu die Kanten der Seitenblenden in diesem Bereich versäubern. Zum Schluss die Säume absteppen.

TIPP:

Beachten Sie, dass eine Husse starken „Belastungen" ausgesetzt ist und die Nähte leicht reißen können, vor allem, wenn es sich um einen weich gepolsterten Sessel handelt. Berechnen Sie die Schnittteile daher nicht zu knapp und verwenden Sie starkes Garn.

Auf Rosen gebettet, aber ohne Stechgefahr.

BLÜHENDES WOHNZIMMER

Bleibendes Geschenk: Bilderrahmen mit Schleife

SIE BRAUCHEN

verschiedene Bilderrahmen
Satin-Schleifenband in Rosa,
Hellgrün und Violett
Papiere mit Blumenmuster,
Fotos oder Stoffe mit Toile-de-Jouy-
Muster in Grün oder Schwarz-Weiß
Heißkleber
Hammer und Nägel

ANLEITUNG

Befüllen Sie die Bilderrahmen mit einem Blumenmotiv oder einem Foto. Für jeden Rahmen zwei Schleifenbänder zuschneiden, Rahmen in der oberen linken und rechten Ecke mit Heißkleber versehen, Bänder fixieren. Schlagen Sie die Nägel in die Wand und binden Sie die Rahmen mit einer großen Schleife daran fest.

*Jedes Bild ein Geschenk:
bunte Schleifen und Blumenmuster.*

Blumenwiese zum Sitzen: Sitzpouf

SIE BRAUCHEN

gemusterter Dekostoff,
ca. 1,50 m (150 cm breit)
Volumenvlies, 2-mal ca. 1,50 x 1,50 m
Schrägband, ca. 5 m
Gummiband, ca. 1 m, 5–7 mm breit

ANLEITUNG

Messen Sie den Umfang des Poufs über die Mitte und schneiden Sie einen Kreis mit entsprechendem Durchmesser zu. Das Schrägband ggf. auf die erforderliche Länge zusammennähen und rechts auf rechts kantenbündig auf den Stoffkreis nähen. Falten Sie dafür den Anfang des Bandes etwa 2 cm nach innen und dehnen Sie das Band während des Nähens. Stoppen Sie ca. 3 cm vor Ende der Naht, schneiden Sie das Schrägband 5 cm weiter ab und legen Sie das Ende vor dem Festnähen 2 cm nach innen um. Schlagen Sie das Schrägband zur Rückseite bis zur Naht um und nähen Sie es ringsum mit der Maschine fest. Ziehen Sie das Gummiband ein und nähen Sie die Enden etwas überlappend flach zusammen.
Schneiden Sie aus dem Volumenvlies zwei Kreise in der Größe des Stoffkreises zu. Vlieskreise und Bezug mittig über den Pouf stülpen. Das Gummiband fest anziehen, den Stoff gleichmäßig zurechtzupfen. Verknoten Sie das Gummiband und verstecken Sie den Rest im Innern des Bezugs.

Ganz einfach: ein Stoffkreis mit Gummizug, festzurren und gemütlich machen!

BLÜHENDES WOHNZIMMER

Blühendes Innenleben: Schubladenverkleidung

Diese Zimmerpflanzen blühen im Verborgenen.

SIE BRAUCHEN

Schrank- oder Buntpapier mit Blumenmuster
Schere
doppelseitiges Klebeband

ANLEITUNG

Schneiden Sie das Papier auf die Maße der Schublade zu (1 Unterteil und 4 Teile für die Seitenwände) und kleben Sie es mit doppelseitigem Klebeband ein. Das pinkfarbene Papier, mit dem diese Schublade ausgekleidet ist, schenkt dem Biedermeiertischchen ein Innenleben mit dem Flower-Power-Charme der guten alten Seventies.

Verwelken nie: Papierblumen

SIE BRAUCHEN

Papierquadrate in Rosa, Blau, Grün
Holzperlen in Pink und Senfgrün
Blumendraht in Pink
Schere

Diese Blumen benötigen kein Wasser, sondern Papier und Perlen.

ANLEITUNG

Falten Sie das Papierquadrat diagonal über die Mitte, aufklappen, drehen und wieder über die Mitte falten. Klappen Sie das Blatt nun wieder auf und drehen Sie es um. Gerade über die Mitte falten, öffnen, drehen und wieder über die Mitte falten. Das so zur Mitte gefaltete Blatt an den Enden fassen und die Spitzen zusammenschieben wie beim Himmel-und-Hölle-Spiel.

Legen Sie die Figur mit der offenen Spitze nach oben auf die Arbeitsfläche und drücken Sie alle Falzungen flach, sodass sich ein Quadrat ergibt.

Stellen Sie nun einen Flügel senkrecht nach oben, dann öffnen und flachdrücken. Verfahren Sie ebenso mit allen weiteren Flügeln, bis Sie eine Raute erhalten. Setzen Sie mit der Schere möglichst weit unten an der Falzkante an und schneiden Sie ein Blütenblatt aus. Falten Sie die Papierblüten auseinander. Den Draht auf ca. 20 cm Länge schneiden und zu einem U biegen. Von der Vorderseite stechen Sie nun zunächst durch eine Holzperle und dann durch die Blumenmitte. Befestigen Sie die Papierblumen an frischen Zweigen.

BLÜHENDES WOHNZIMMER

Nicht zum Essen: Blumenteller

SIE BRAUCHEN

verschiedene Teller
mit Blumendekor
Klebeösen
Nägel
Hammer

ANLEITUNG

Viel zu schön, um im Schrank zu verschwinden. Hängen Sie die Keramikteller einfach an die Wand. Befestigen Sie auf der Rückseite der Teller jeweils eine Klebeöse zum Aufhängen, fixieren Sie die Nägel in einer zufälligen Anordnung an der Wand und hängen Sie die Blütenteller auf.

Warum nicht: Blumenteller an die Wand!

TIPP:
In neutrale Glasvasen können Sie mit buntem Deko-Wasser Farbe bringen: Geben Sie hierzu einfach Lebensmittelfarbe in die Flüssigkeit. Je mehr Sie davon zusetzen, desto intensiver leuchtet das Blumenwasser.

Der Vorteil eines Home-Office? Sie müssen das Haus nicht verlassen, dürfen so viele kreative Pausen einlegen wie nötig und Sie können es gestalten, wie Sie möchten. Da wird sogar die Pflicht zum Vergnügen.

Arbeitsraum zum Wohlfühlen

In diesem *Arbeitszimmer* wird die Pflicht zum *kreativen Vergnügen*. Die Schranktür *verwandelt* sich in ein Memoboard, Ihre Fachliteratur scheint zu schweben und eine Fenster-Galerie verschönert den *Ausblick*.

WOHLFÜHL-ARBEITSZIMMER

Schön angebandelt: Memo-Schranktür

SIE BRAUCHEN

21 Möbelknöpfe
2 Gummiseile, je ca. 4 m

ANLEITUNG

Messen Sie vorher die Schrankwand aus und legen Sie fest, wo Sie die Möbelknöpfe anbringen möchten. Hier wurden je drei Möbelknöpfe im gleichen Abstand nebeneinander geschraubt, in sieben Reihen. Dann die Gummiseile einfach an einem Ausgangsknopf anbinden und straff spannen. Am letzten Knopf wieder festknoten.

Zwischen Schrank und Wand klemmt eine Teleskop-Duschstange für einen Vorhang aus handbesticktem, edlem Leinen. Dort versteckt sich eine Nische für Staubsauger, Bügelbrett und vieles mehr. Das Raffrollo am Fenster ist übrigens aus dem gleichen Vorhangstoff genäht und verbindet so beide Zonen optisch.

Clever eingefädelt:
Diese Schranktür macht sich nützlich.

Schön schräg: Schreibtischplatte

SIE BRAUCHEN

Arbeitsplatte aus Eiche
2 Unterschränke in Weiß

ANLEITUNG

Messen sie die Zimmerbreite aus und lassen Sie sich im Baumarkt eine Arbeitsplatte auf die entsprechende Länge zusägen. Für die schräge Kante sollte die Platte links ca. 60 cm breit und rechts ca. 90 cm breit sein.

Ganz schön schräg: geschickt genutzte Arbeits- und Ablagefläche.

TIPP:
Falls Sie die Schreibtischplatte über einem Heizkörper anbringen, lassen Sie an der geraden Tischseite ein Rechteck für das Belüftungsgitter aussägen. Praktisch ist auch eine runde Öffnung für Kabel.

WOHLFÜHL-ARBEITSZIMMER

Geheime Wanddeko

SIE BRAUCHEN

Wandtattoo mit Spruch nach Wahl

ANLEITUNG

Bringen Sie das Wandtattoo zwischen zwei Regalbrettern so an, dass die Botschaft nur für Sie sichtbar ist, wenn Sie am Schreibtisch sitzen. Wenn es mal wieder hoch hergeht, bringt ein Blick auf den Spruch Sie zum Schmunzeln.

Der Komponist Igor Strawinsky hatte ganz recht: Gelassenheit tut gut und ist gesund.

Unsichtbar: Bücherbord

SIE BRAUCHEN

MDF-Platten in Buchgröße,
mind. 25 mm stark
Acryllack in Weiß
Buchumschläge
Metallwinkelhaken
Dübel und Bohrmaschine
Bastelkleber

ANLEITUNG

So können Sie Ihre Lieblingslektüre wie von Zauberhand schweben lassen: MDF-Platten in Buchgröße zuschneiden lassen und an den Seiten weiß lackieren. Mit Metallwinkelhaken an die Wand dübeln und mit Buchumschlägen verkleiden.

Ziemlich abgehoben: Manchmal braucht man einfach eine leichte Lektüre.

WOHLFÜHL-ARBEITSZIMMER

Beste Aussichten: Fenster-Galerie

SIE BRAUCHEN

Gardinenstange
Klammerhaken

ANLEITUNG

Bringen Sie die Gardinenstange etwa 30 cm über dem Fensterbrett an. Befestigen Sie die Klammerhaken und hängen Sie dort hübsche und nützliche Kleinigkeiten auf.

Egal, wie schlecht die Aussichten sind – hier hängen schöne Erinnerungen und Gute-Laune-Macher.

VORHER

Aus einem Bauernschrank …

Dieser Kleiderschrank hat innen mehr zu bieten als nur Regalböden und Stangen. Viele nützliche Systeme helfen, Ihr kreatives Chaos zu organisieren: Dank Pinnwand, Haken- und Magnetleiste behalten Sie den Überblick und finden alles sofort griffbereit.

SIE BRAUCHEN

FÜR DIE PINNWAND AUS STOFF
Baumwollstoff
Spanplatte, 1 cm stark
dickes Volumenvlies,
2-mal in Holzgröße
elastische Spitzenborte
dekoratives Gummi-Band
2 Gurtbänder
Sprühkleber
Tacker
Hammer und Nägel

FÜR DIE LEISTEN
Haken- und Magnetleiste
Haken
Töpfchen mit Aufhängung
Metalldosen
Schrauben und Akkuschrauber

ANLEITUNG

FÜR DIE PINNWAND AUS STOFF
Bestimmen Sie vorab, wie groß die stoffbezogene Platte werden soll. Die Spanplatte mit Sprühkleber besprühen und das Volumenvlies aufkleben. Anschließend besprühen Sie das Vlies nochmals und bringen eine weitere Schicht Volumenvlies auf. Den Stoff mit 5 cm Nahtzugabe ringsum zuschneiden. Über das Holz spannen und auf der Rückseite festtackern. Auf halber Höhe die elastische Spitzenborte auflegen, die Zacklitze darüber positionieren und beides rückseitig festtackern, dabei möglichst straff spannen. Fixieren Sie nun die Gurtbänder mithilfe des Tackers an der Rückseite der Pinnwand, schlagen Sie von außen zwei Nägel in die Schranktür und binden Sie die Platte daran fest.

FÜR DIE LEISTEN
Messen Sie die Schranktür aus und entscheiden Sie die Länge der Magnet- und Hakenleiste. Bringen Sie beide mithilfe des Akkuschraubers an. Zum Schluss die Töpfchen und Metalldosen aufhängen und mit Knöpfen, Garn, Schere und anderen Näh-Utensilien befüllen.

TIPP: SO BEHALTEN SIE DEN ÜBERBLICK
Dank transparenter Deckel behalten Sie den Überblick über Ihre Vorräte in den magnetischen Metalldosen.

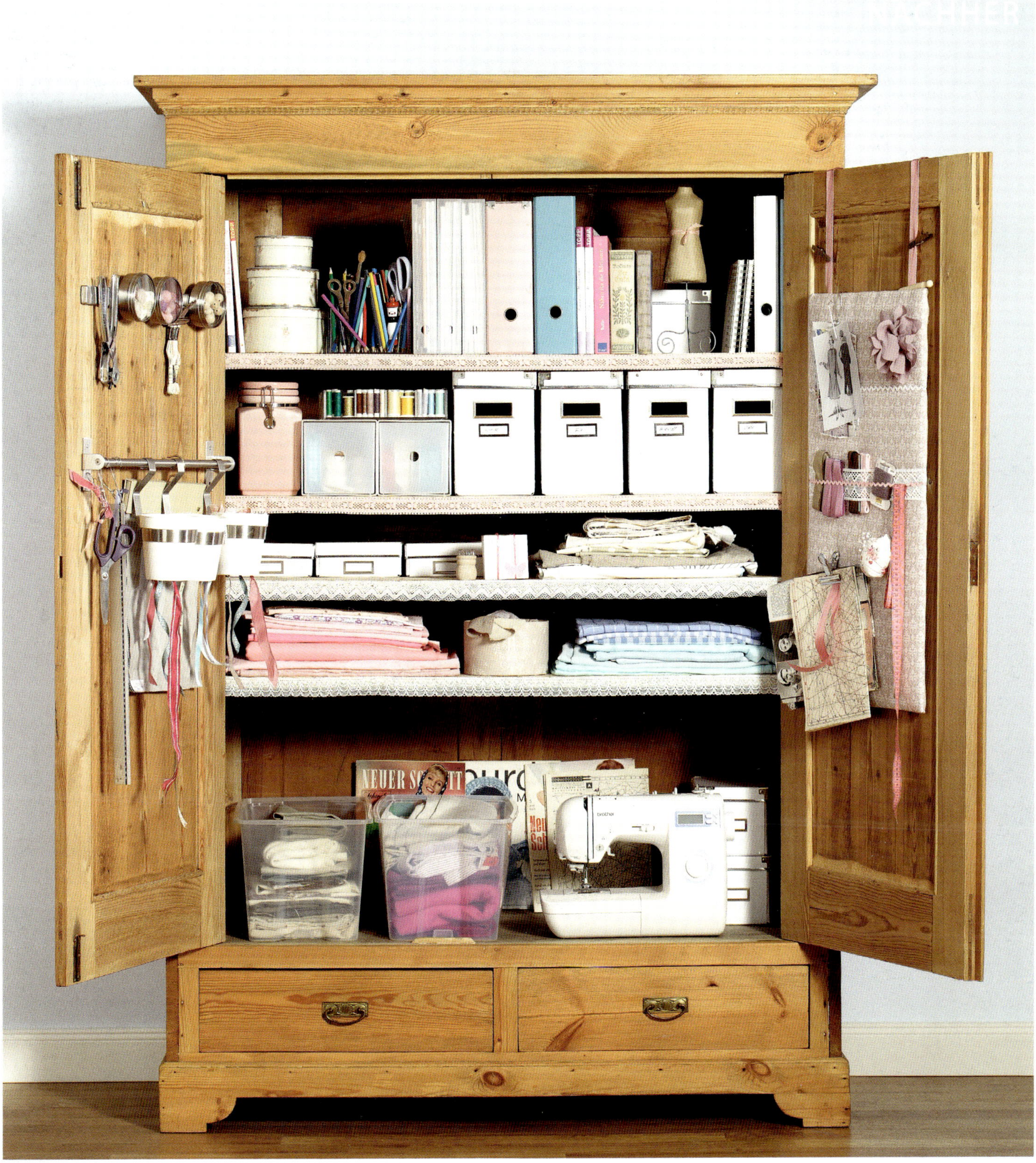

... wird ein zauberhaftes Stoff-Atelier

VORHER-NACHHER-TIPP AUS DER

Romantische Leseecke

Mit Polster und Kissen wird die Nische zum Lieblingsplatz am Fenster.

Der fröhliche Mustermix gelingt, wenn Sie darauf achten, dass sich die

gleichen Farben in den verschiedenen Mustern immer wiederholen.

Hier lesen Sie gut!

ROMANTISCHE LESEECKE

Duftige Deko: bemaltes Porzellan

SIE BRAUCHEN

einfacher Porzellanbecher und
Schälchen mit Minitablett in Hellblau
Porzellanfarbe in Grün, Braun,
Gelb und Weiß
evtl. Spiritus
Haarpinsel

ANLEITUNG

Reinigen Sie das Porzellan zunächst gründlich und entfetten Sie es evtl. mit Spiritus. Mit einem großen Haarpinsel malen Sie erst die Blätter und Stiele auf. Trocknen lassen. Dann die braunen Blattlinien und die gelben Blütenstempel aufmalen. Die weißen Blütenblätter tragen Sie mit stark verdünnter Farbe auf, dadurch wirkt das Design plastischer. Zum Schluss die braunen Punkte rund um die Blütenstempel auftupfen. Porzellanfarbe nach Herstellerangaben im Backofen einbrennen, damit das Geschirr spülmaschinenfest wird.

TIPP:
Sollten beim Bemalen kleine Luftbläschen in der Farbe erscheinen, können Sie diese mit einem Zahnstocher vorsichtig aufstechen.

Sie können nicht zeichnen? Keine Sorge, die Natur ist auch nicht perfekt und gerade darum so schön.

Gut gepolstert: Sitzkissen

Falls es im Garten zu ungemütlich ist:
Diese Leseecke ist immer eine gute Alternative.

SIE BRAUCHEN

Schaumstoffblock in gewünschter
Größe, z. B. 80 x 50 x 10 cm
Baumwollstoff in Rosa, ca. 1, 30 m
(140 cm breit)

ANLEITUNG

Schneiden Sie 2 Rechtecke zu, die so breit und hoch sind wie der Schaumstoffblock plus die Tiefe des Blocks sowie 2 Nahtzugabenbreiten (2 cm).
Nähen Sie die beiden Rechtecke ringsum bis auf eine lange Wendeöffnung an einer Längsseite zusammen. Bügeln Sie die Nahtzugaben der Wendeöffnung jeweils auf die linke Stoffseite.
Nähen Sie an allen vier Ecken Bodennähte wie folgt: Legen Sie an einer Ecke beide Nähte bündig übereinander. Streichen Sie das Dreieck flach und ermitteln Sie, an welcher Stelle das Dreieck so breit wie die Tiefe des Schaumstoffblocks ist. Zeichnen Sie diese Linie mit Hilfe eines Geodreiecks im 90°-Winkel zur Naht ein und steppen Sie sie ab. Schneiden Sie das Dreieck bis auf Nahtzugabenbreite zurück. Verfahren Sie so auch an den anderen drei Ecken.
Wenden Sie den Bezug, ziehen sie ihn über den Schaumstoffblock und schließen Sie die Wendeöffnung von Hand mit Leiterstichen.

TIPP:
Die Kombi aus verspielten Blüten und strengen Streifen bringt zusätzlich Spannung ins Spiel.

ROMANTISCHE LESEECKE

Fensterblumen: Faltstores

SIE BRAUCHEN

Faltstores mit Blumenmuster

ANLEITUNG

Diese lichtdurchlässigen Faltrollos schützen Sie vor neugierigen Blicken. Praktisch: Die Stores lassen sich an den Schnüren auch von unten nach oben schieben. Ein besonders luftiger Eindruck entsteht, wenn Sie mehrere Rollos in der Höhe versetzt anbringen.
Für besondere Fenster sind die Faltstores eine gute Lösung, da man sie für fast jede Form anfertigen kann. Der Stoff ist auf stabile Fäden gezogen und somit verspannt. Die Farbe der Profilschienen sollte auch zur Fensterfarbe passen.

Diese Blumen blühen unabhängig von Wind und Wetter.

TIPP:
Faltstores eignen sich hervorragend für Dach- und Kippfenster.

VORHER

Aus Omas Ohrensessel ...

Der alte Sessel von Oma hat schon einige Gebrauchsspuren? Nähen Sie eine Husse und schon sind die Löcher im Bezug Geschichte. Dann müssen Sie nur noch für die richtige Lektüre sorgen.

SIE BRAUCHEN

Baumwollstoff, 140 cm breit
(Die Menge richtet sich nach der Sesselgröße.)
Näh-Grundausstattung

ANLEITUNG

SCHNITT ERSTELLEN:
Den Schnitt für die Husse mithilfe von Papier oder Stoff direkt vom Sessel abnehmen. Bei allen Teilen die Nähte des Originals für den Schnitt beachten. Jeweils ein entsprechend großes Stück Papier am Sessel feststecken und die Linien des Teils exakt mit Bleistift nachzeichnen. Papier abnehmen, ausschneiden und erneut zur Kontrolle aufstecken, eventuell korrigieren. So alle Teile für die Husse vom Sessel abnehmen. Auf einem Lehnenseitenteil die Position der Tasche markieren.

ZUSCHNEIDEN:
Alle Sesselteile entsprechend rundherum mit 1 cm Nahtzugabe und beliebiger Saumzugabe an den Unterkanten auf die linke Stoffseite aufzeichnen und ausschneiden. Die Armlehnenfront sowie die Seiteninnen- und -außenlehne müssen jeweils zweimal gegengleich zugeschnitten werden.

NÄHEN:
Zunächst die Tasche auf einem Seitenteil aufsteppen. Die Stoffteile werden nun immer rechts auf rechts zusammengenäht. Das Vorderteil mit angeschnittener Sitzfläche an der Vorderseite der Rückenlehne unten entsprechend annähen. Jeweils die Seiteninnen- und -außenlehnen an der Sitzfläche annähen und die Frontlehnen rundherum annähen. Dann Vorder- und Rückseite der Rückenlehne oben zusammennähen, seitliche Nähte schließen. Wichtig: Unbedingt zwischendurch die Husse zur Kontrolle der Passform auf den Sessel aufziehen! Schließlich die Husse rundherum säumen.

NACHHER

... wird ein Lesesessel zum Träumen

VORHER-NACHHER-TIPP AUS DER

Für Freunde und Familie zu kochen macht Spaß – vor allem wenn Sie Omas geheime Erfolgsrezepte kennen und charmante Küchenaccessoires Ihnen die Arbeit erleichtern.

Küche in Pastell

In dieser Küche *fühlen Sie sich in eine andere Zeit zurückversetzt: Finden Sie* zuckersüße Ideen *für einen außergewöhnlichen Küchenschrank, Kühlschrankmagneten oder* altes Porzellan.

KÜCHE IN PASTELL

Charmant aufgehängt: Tassen-Garderobe

Passend: eine Schürze im Fifties-Look.

SIE BRAUCHEN

Garderobe mit geschwungenen Haken
Schrauben
Tassen in pudrigen Farbtönen
Akkuschrauber
grobes und feines Schleifpapier

ANLEITUNG

Entfernen Sie zunächst alte Lackschichten durch Abschleifen oder Aufrauen mit grobem Schleifpapier. Schmirgeln Sie anschließend alle Oberflächen und Kanten mit feinem Schleifpapier schön glatt. Bringen Sie die Hakengarderobe im obersten Regalsegment des Schrankes mithilfe des Akkuschraubers mittig an und hängen Sie verschiedene Tassen in pudrigen Farbtönen daran auf. So werden aus handelsüblichen Henkeltassen zauberhafte Ausstellungsstücke.

Neu in Szene gesetzt: altes Porzellan

SIE BRAUCHEN

3 alte Tassen (möglichst mit einem Motiv im Innern der Tasse)
Heißklebepistole und Heißkleber
evtl. dicker Draht
schöne Bänder
Schneebesen, Suppenkelle und Tortenheber
Schere

ANLEITUNG

Füllen Sie zunächst den hohlen Tassenboden mit Heißkleber auf, damit mehr Klebefläche vorhanden ist. Dann die Tassenposition an der Wand markieren, die Henkel zeigen nach unten. Jetzt werden die Tassen mit Heißkleber an die Wand geklebt. Etwas länger festhalten, bis der Kleber hart wird. Formen Sie evtl. aus Draht einen kleinen Haken und hängen diesen an den Tassenhenkel. Gegenstände mit Haken können direkt an den Tassenhenkel gehängt werden. Zusätzlich können Sie die Tassen mit schönen Bändern verzieren, die Sie an die Henkel knoten.

Das alte Porzellan zeigt sich hier von seiner schönsten Seite.

KÜCHE IN PASTELL

Glitzern: falsche Diamanten

SIE BRAUCHEN

LED-Lichterkette
Regalbrett
Regalträger, nostalgisch verschnörkelt
Glasprismen
feines Satinband in Hellblau
Acrylfarbe in Weiß
Dübel und Schrauben
Pinsel
Bohrmaschine
Heißklebepistole und Heißkleber

ANLEITUNG

Streichen Sie die Regalträger mit Acrylfarbe weiß. Kleben Sie dann die Lichterkette mit Heißkleber unter das Regalbrett und drücken Sie diese dabei vorsichtig an. Trocknen lassen. Binden Sie nun die Glasprismen mit dem Satinband an die Lichterkette. Bringen Sie das Regal je nach Wandbeschaffenheit mit Dübeln und Schrauben an.

Diamonds are girls best friends ...

Ein wahres Wort: Wandtattoo

SIE BRAUCHEN

Wandtattoo
Bleistift
Buch oder Rakel
evtl. Wasserwaage

ANLEITUNG

Vergewissern Sie sich vorab, dass Ihre Wand frei von Staub oder Fett ist. Lassen Sie frisch gestrichene und tapezierte Wände mindestens zehn Tage vorher trocknen. Markieren Sie mit dem Bleistift an der Wand die gewünschte Position des Motivs, evtl. nehmen Sie sich dafür eine Wasserwaage zur Hilfe. Streichen Sie mit einem Buch oder Rakel fest über Vorder- und Rückseite des Wandtattoos, das zwischen einem Trägerpapier und einer selbstklebenden Transferfolie eingebettet liegt. Ziehen Sie das Papier nun im flachen Winkel vorsichtig von dem Trägerpapier ab. Positionieren Sie das Motiv an den markierten Stellen an der Wand. Reiben Sie mit dem Rakel fest über das gesamte Motiv und ziehen Sie die Folie langsam im flachen Winkel ab.

Oscar Wilde wusste eben, worauf es im Leben ankommt!

KÜCHE IN PASTELL

Streublümchen: Kühlschrankmagnete

SIE BRAUCHEN

Magnete, ø 3 cm
geblümte Stoffreste
doppelseitiges Klebeband
Schere
Stoffschere

ANLEITUNG

Scheiden Sie ein 6 mal 6 cm großes Quadrat aus Stoff zu und bekleben Sie die Rückseite des Stoffes vollständig mit doppelseitigem Klebeband. Schutzfolie des Klebebands abziehen und Stoffstück mittig auf einen Magneten kleben. Den Stoff etwas zurückschneiden und rundherum festdrücken. Eventuell noch überstehende Stoffstücke ebenfalls abschneiden. Bei Magneten mit größerem Durchmesser die Größe des Stoffquadrats entsprechend anpassen.

TIPP:
Den bereits beklebten Stoff nicht mehr mit der Stoffschere schneiden, da die Schere sonst stumpf wird.

Vielleicht finden Sie für diese Erinnerungshelfer Stoffe mit Vergissmeinnicht-Muster?

VORHER

Aus einem einfachen Regal …

In Pastelltönen gestrichen, mit einer kleinen Gardine verziert und stilecht mit nostalgischen Schildern und Küchengeräten gefüllt: So wirkt das Regal in der Küche wie eine Anrichte aus den 50ern. Wer nicht alles zur Schau stellen will, schirmt Einzelfächer mit einem Vorhang ab.

SIE BRAUCHEN

einfacher Regalschrank
2 Vorhangstangen in Länge des Regals
Acrylfarbe in Pastellblau für die Schrankwände
Acrylfarbe in Pastellgelb für die Kanten
Baumwollstoff, gelb kariert
Walze und Pinsel
Malerkrepp
Schleifpapier, 100er-Körnung

ANLEITUNG

Schmirgeln Sie alle Schrankwände und die Regalbretter mithilfe des Schleifpapiers gut ab und entfernen Sie dann sorgfältig alle Staubreste. Jetzt die Vorderkanten der Regalbretter und des Schranks mit Malerkrepp abkleben und den Schrank Pastellblau streichen, trocknen lassen. Die Kanten gelb streichen. Falls dabei etwas Farbe über die Kanten läuft, einfach das Blau noch mal nachziehen.

Vorhang nähen: Abstand zwischen zwei Regalböden ausmessen. Stoffbahn in der Höhe und Breite zuschneiden, dabei seitlich je 1 cm sowie oben und unten je 3 cm Nahtzugabe dazurechnen. An den Seiten die Kanten versteppen, oben und unten den Stoff umklappen und einen ca. 2 cm breiten Tunnel absteppen. Zum Schluss bringen Sie die Gardinenstangen so an, dass der Stoffvorhang schön straff sitzt.

TIPP: MAGNETISCHE SCHRANKWAND

Nicht nur dekorativ, sondern auch praktisch: Eine innere Seitenwand des Regals vor dem Lackieren mit Magnetfarbe anmalen, dabei drei Farbschichten auftragen und zwischendurch gut trocknen lassen. Magnetsticker und -blöcke bleiben dann überall haften.

... wird eine 50er-Jahre-Anrichte

Moderne Landfrauenküche

In dieser Küche vereinen sich urige Landlust *und moderne Technik: eine* Kuh *aus Tafelfolie, eine* Sonnen-Uhr *mitten im Zimmer und ein* Kräutergarten *an der Wand.*

MODERNE LANDFRAUENKÜCHE

Bemalt: Kräutertöpfe

SIE BRAUCHEN

Tontopf
Acrylfarbe in Braun und Rosa
Malerkrepp
Kräuter im Topf
(z. B. Salbei)
Pinsel

ANLEITUNG

Malen Sie den Tontopf mit Acrylfarbe braun an. Trocknen lassen. Kleben Sie nun mit Malerkrepp einen Streifen ab und malen Sie den oberen Teil des Tontopfes mit Acryllack in Rosa an. Pflanzen Sie zum Schluss den Salbei in das bemalte Töpfchen.

Erdiges Braun und zartes Rosa – die perfekte Farbkombination für moderne Landfrauen.

TIPP:
Bei den Streifen und Flächenaufteilungen sind selbstverständlich verschiedene Variationen möglich.

Alltagsgegenstände in neuer Mission: Krüge als Besteckhalter

SIE BRAUCHEN

mehrere Krüge in Rot und Weiß
Hakenleiste mit Doppelhaken
Acrylfarbe in Rot

ANLEITUNG

Streichen Sie die Hakenleiste in Rot und lassen Sie diese gut trocknen. Dann den Henkel des ersten Kruges über den oberen Haken hängen und gegen den unteren Haken lehnen. Verfahren Sie mit den anderen Krügen genauso. Diese Idee funktioniert nur mit Doppelhaken, bei denen zwei Haken übereinander liegen. Füllen Sie die Krüge mit Besteck oder Küchenutensilien.

MODERNE LANDFRAUENKÜCHE

Eingeschlagen: Rezepte in Tüchern

SIE BRAUCHEN

Geschirrhandtuch
Buch
Sticktwist in Rot
Nadel und Nähgarn
Sticknadel
Schere
Bleistift

ANLEITUNG

Nehmen Sie das aufgeschlagene Buch als Vorlage und schneiden Sie das Geschirrhandtuch oben und unten ca. 3 cm größer, rechts und links ca. 8 cm größer zu. Markieren Sie die Position des Buchrückens. Schreiben Sie den Titel des Buches mit dem Stift auf das Tuch. Dann mit Sticktwist den Titel aufsticken, dazu einen Steppstich verwenden. Legen Sie nun das Buch auf den Stoff, klappen Sie die Seiten um und nähen Sie diese mit kleinen Stichen per Hand fest.

Klassische Muster neu interpretiert – überhaupt nicht kleinkariert!

Witzig: Kuh aus Tafelfolie

SIE BRAUCHEN

Tafelfolie in Pink,
ca. 40 x 50 cm,
Transparentpapier
Bleistift
blaues Satin-Band, ca. 60 cm
doppelseitiges Klebeband

ANLEITUNG

Die Tafelfolie in Kuhform finden Sie im Handel, können Sie aber auch sehr einfach selbst herstellen. Dazu benötigen Sie ein Bild von einer Kuh in der Seitenansicht – ohne zu viele Details, die sich schwer übertragen lassen. Mithilfe des Transparentpapiers pausen Sie die Umrisse ab und lassen diese im Copyshop auf eine Größe von ca. 40 cm mal 50 cm übertragen.

Dann die Folie von oben ausgehend auf die Wand bringen, dabei ein Buch o. Ä. zum Abstreifen verwenden. Zum Schluss messen Sie die Breite des Halses aus, schneiden das Satinband zurecht und schlingen einen Knoten hinein, sodass zwei Enden des Bandes ca. 15 cm herunterhängen. Mithilfe von doppelseitigem Klebeband oben und unten am Hals der Kuh fixieren.

Nicht nur für Milchprodukte: praktische Einkaufsliste direkt an der Wand.

MODERNE LANDFRAUENKÜCHE

Pflegeleicht: Kräutergarten an der Wand

SIE BRAUCHEN

Wandtattoo
Bleistift
Buch oder Rakel
evtl. Wasserwaage

ANLEITUNG

Vergewissern Sie sich vorab, dass Ihre Wand frei von Staub oder Fett ist. Lassen Sie frisch gestrichene und tapezierte Wände mindestens zehn Tage vorher trocknen. Markieren Sie mit dem Bleistift an der Wand die gewünschte Position des Motivs, evtl. nehmen Sie sich dafür eine Wasserwaage zur Hilfe. Streichen Sie mit einem Buch oder Rakel fest über Vorder- und Rückseite des Wandtattoos, das zwischen einem Trägerpapier und einer selbstklebenden Transferfolie eingebettet liegt.

Ziehen Sie das Papier nun im flachen Winkel vorsichtig von dem Trägerpapier ab. Positionieren Sie das Motiv an den markierten Stellen an der Wand. Reiben Sie mit dem Rakel fest über das gesamte Motiv und ziehen Sie die Folie langsam im flachen Winkel ab.

TIPP:
Bei rauem Untergrund erwärmen Sie das Motiv vorsichtig mit einem Föhn (Temperatur: max. 50°C).

Urig: Sonnen-Uhr

SIE BRAUCHEN

Uhrwerk mit Zeigern in Hellblau
Wandfarbe in Gelb
Bleistift
Zirkel und Geodreieck
2 Flachpinsel, 4 und 1 cm breit
Pappe (DIN A5)
Vorbohrer

ANLEITUNG

Zeichnen Sie mithilfe eines Bleistiftes den Mittelpunkt der Uhr auf die Wand und ziehen Sie mit dem Zirkel einen Kreis mit 10 cm Radius um den Mittelpunkt. Mit einem Geodreieck ziehen Sie vom Mittelpunkt aus außerhalb des Kreises alle 30 Grad einen Strich. Die Striche der Viertel etwas länger zeichnen. Malen Sie dann den Kreis mit gelber Wandfarbe aus. Ziehen Sie mit einem 1 cm breiten Pinsel mit der Farbe über die Striche.

Zeichnen Sie nun mithilfe des Zirkels auf Pappe einen Kreis, der das Uhrwerk verdeckt. Nach dem Ausschneiden vergrößern Sie das Zirkelloch leicht mit dem Vorbohrer und streichen den Pappkreis mit Wandfarbe gelb. Trocknen lassen und zwischen Zeiger und Uhrwerk stecken. Befestigen Sie das Uhrwerk mit einer Schraube an der Wand.

Egal wie spät es ist:
Hier scheint immer die Sonne.

MODERNE LANDFRAUENKÜCHE

Mobil: Besteckkasten

SIE BRAUCHEN

Flaschenkorb aus Holz
Lackfarbe in Hellblau
Lackierpinsel
feines Schleifpapier
evtl. 1 gelbe Flasche

ANLEITUNG

Schleifen Sie den Flaschenkorb ab und tragen Sie die Lackfarbe auf. Trocknen lassen. Nach dem Trocknen erneut leicht anschleifen, denn die Holzfasern stellen sich durch die Feuchtigkeit auf. Ein zweites Mal lackieren. Wenn Sie ein Fach des Besteckkastens mit einer gelben Flasche füllen, ergibt sich ein schöner Kontrast und die Farben strahlen um die Wette.

Romantisch: Porzellansticker mit Stick-Effekt.

VORHER

Aus der gusseisernen Bratpfanne ...

Manche Gegenstände des Alltags sind viel zu schön, um nur im Schrank zu stehen. Diese alte Bratpfanne beispielsweise wird mit ein paar Handgriffen zu einem gusseisernen Designer-Stück.

SIE BRAUCHEN

Bratpfanne aus Gusseisen
(z. B. vom Flohmarkt)
Kreppband
Bohrmaschine
Metallbohrer, 6 mm
Entgrater
Uhrwerk mit Batterieantrieb
Bleistift

ANLEITUNG

Bekleben Sie die Rückseite der Bratpfanne mit Kreppband und markieren Sie darauf mit Bleistift den Mittelpunkt. Die markierte Mitte mit einem 6 mm großen Metallbohrer durchbohren. Das Bohrloch entgraten. Setzen Sie dann das Uhrwerk ein und hängen Sie die Uhr am Griff auf.

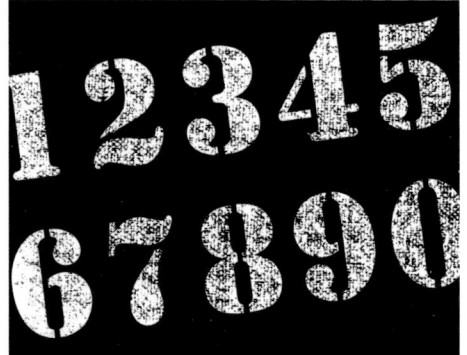

TIPP: ZIFFERNBLATT AUFSTEMPELN

Sie können die Pfannen-Uhr auch mit einem gestempelten Ziffernblatt verzieren. Dazu benötigen Sie jedoch spezielle Stempelfarbe, die für glatte, nicht saugende Untergründe geeignet ist.

NACHHER

... wird eine Designer-Wanduhr

VORHER-NACHHER-TIPP AUS DER

Im Esszimmer wird längst nicht mehr nur gegessen. Vielmehr bildet der Esstisch heute oft den kommunikativen Mittelpunkt der Wohnung. Nehmen Sie Platz!

Skandinavischer Esstisch

Blütenstoffe, Zickzack-Muster und Karos bringen Sommerfrische *an den Tisch.* Zauberhafte Details: *ein handgemachter Brotkorb und ein* Memoboard, *das sich in der Schranktür versteckt, obwohl es sich richtig gut* sehen lassen *kann.*

SKANDINAVISCHER ESSTISCH

Gestreift: Tischdecke mit zwei Mustern

SIE BRAUCHEN

2 unterschiedlich gemusterte Baumwollstoffe
Näh-Grundausstattung

ANLEITUNG

Je nach Tischgröße brauchen Sie unterschiedlich viel Stoff. Als Faustregel gilt: Tischdecken sollten ringsum mindestens 20 cm über die Tischkante hängen. Berechnen Sie, wie groß Ihre Tischdecke sein soll, und geben Sie an allen Stoffkanten, die zusammengenäht werden, 1 cm Nahtzugabe zu. Für den Saum planen Sie 3 cm bis 4 cm ein.

Die einzelnen Stoffbahnen rechts auf rechts aufeinander legen und die Nähte steppen. Die Nahtzugaben auseinanderbügeln. Die doppelte Saumbreite auf der linken Stoffseite anzeichnen, den Stoff bis zu dieser Linie umbügeln und den gesamten Saum ringsum absteppen.

TIPP:
Grün, Blau, Rot und Weiß – dieselben Farben tauchen in allen Mustern wieder auf. So wirkt der Mix harmonisch.

Frische Farben machen Appetit. Probieren Sie es aus!

Versteckt: Memoboard im Schrank

SIE BRAUCHEN

Styroporplatte, ca. 1 cm stark
Stoff, Maße abhängig von der Schranktür-Größe
Borte vom Meter
doppelseitiges Klebeband
Sprühkleber
Nägel
Hammer

ANLEITUNG

Messen Sie die Innenseite der Schranktür aus und ziehen Sie rundherum ca. 4 cm ab. Schneiden Sie dann die Styroporplatte in dieser Größe zu, besprühen Sie sie mit dem Kleber und fixieren Sie den Stoff darauf.
Die Kanten umschlagen und auf der Rückseite festkleben. Die Platte an der Schranktür festnageln. Kleben Sie zum Schluss die Borte mit doppelseitigem Klebeband als Randverzierung auf.

Diese Schranktür macht sich nützlich und schön dazu.

SKANDINAVISCHER ESSTISCH

Kleinkariert: Brotkorb und Schleifenkissen

Damit jedes Detail passt: Ein Kleid für den Brotkorb.

SIE BRAUCHEN

FÜR DEN BROTKORB
runder Brotkorb, ca. ø 20 cm
karierter Baumwollstoff in Hellblau,
ca. 70 cm (110 cm breit)
Baumwoll-Wäscheband in Weiß,
ca. 70 cm

FÜR DIE SCHLEIFENKISSEN
3 Sitzkissen à 40 x 40 cm
3 versch. karierte Baumwollstoffe,
je 45 x 100 cm

Näh-Grundausstattung

ANLEITUNG

FÜR DEN BROTKORB
Ermitteln Sie den Umfang des Körbchens über die Mitte, schneiden Sie einen Kreis mit entsprechendem Durchmesser plus rundum 3 cm aus. Die Kante 1 cm nach innen umschlagen, dabei den Umschlag jeweils etwas in Falten legen, bügeln, noch einmal 2 cm nach innen umschlagen, wie zuvor dabei etwas in Falten legen und bügeln. Den Tunnel an der inneren Bruchkante entlang feststeppen, ca. 3 cm jedoch offen lassen. Das Band einziehen.
Für den Deckel ein Quadrat von 10 x 10 cm an allen Kanten umnähen, rechts auf links unterhalb des Tunnels an den Stoffkreis annähen.
2 Rechtecke à 3 x 6 cm an allen Kanten umnähen, links auf links quer zur Hälfte falten, das Band mittig hineinlegen und ringsum schmalkantig zusammensteppen.

FÜR DIE SCHLEIFENKISSEN
Pro Kissen schneiden Sie 2 Quadrate à 42 x 42 cm sowie 4 Streifen à 5 x 20 cm zu.
Für die Bändchen klappen Sie die Enden der 4 Streifen jeweils 1 cm nach innen um, dann links auf links längs zur Hälfte falten, bügeln, aufklappen und die Längskanten zum Bruch legen, Streifen zusammenklappen und entlang der offenen Kanten schmalkantig absteppen.

Die Stoffquadrate rechts auf rechts bis auf eine ca. 20 cm lange Wendeöffnung rundum zusammennähen, dabei in den Ecken die Bändchen zwischenfassen. Bezug wenden, das Kissen hineinschieben und die Wendeöffnung von Hand mit Leiterstichen verschließen. Die Kissen lassen sich an den Bändchen aneinanderknoten.

VORHER

Aus der Getränkekiste ...

Sehnsucht nach Meer? Dann holen Sie sich maritime Stimmungsmacher in die Wohnung. Wecken Sie bei Ihren Gästen die Erinnerung an den letzten Strandurlaub, ohne dass Sand unter den Füßen knirscht oder eine steife Brise die Frisur zersaust.

SIE BRAUCHEN

Acrylfarbe in Weiß
Getränkekiste aus Holz
(Flohmarkt)
feines Schleifpapier
verschiedene Flaschen
Blumen
Pinsel

ANLEITUNG

Säubern Sie die Kiste vorab gründlich und schmirgeln Sie sie dann mit feinem Schleifpapier gut ab. Verdünnen Sie nun die Acrylfarbe stark mit Wasser und lasieren Sie die Kiste damit, dabei in Richtung der Holzfasern arbeiten. Gut trocknen lassen. Als Deko können Sie Blumen in eine mit Wasser gefüllte Flasche stellen.

TIPP: TRANSPARENTER LASUR-EFFEKT

Um eine schöne Fülle und Farbstärke zu erzielen, trägt man Lasurlack oder Lacklasur zweimal auf. Vor dem zweiten Auftragen die Holzflächen nochmals fein schleifen. Da wir diesen Effekt aber bei der Getränkekiste gerade nicht erzielen möchten, genügt hier ein einmaliger Farbauftrag.

NACHHER

... wird ein maritimer Flaschenständer

VORHER-NACHHER-TIPP AUS DER

Familien-Stammtisch

Eine behagliche Essecke ist in jeder Wohnung das beste Rezept, um Familie oder Freunde noch über die Mahlzeit hinaus zum Plaudern am Tisch zu halten. Auf der selbst gebauten Polsterbank vergessen Sie die Zeit.

FAMILIEN-STAMMTISCH

Einladend: Schnuppergedeck

SIE BRAUCHEN

Stoffservietten in Lila
Bändchen
Löwenmäulchen

ANLEITUNG

Ist hübsch und geht schnell: einfach ein Löwenmäulchen mit Bändchen um Besteck und Serviette binden.

TIPP:
Zur Wohlfühl-Atmosphäre trägt hier auch die Dekoration mit Büchern und schöner Keramik bei. Der Tisch ist liebevoll mit einem hübschem Läufer, geflochtenen Sets aus Wasserhyazinthe und Teelichtern gedeckt. Wer die Wandgestaltung reduzierter mag: Vinyltapeten gibt es auch mit schlichteren Mustern.

Die Blüten erinnern an ein aufgerissenes Löwenmaul. Hoffentlich bringen Ihre Gäste einen ähnlich großen Appetit mit.

Gemütlich: Polsterbank

SIE BRAUCHEN

(für eine 200 cm breite Bank mit 45 cm Sitzhöhe, einer fertigen Gesamthöhe von 90 cm und einer Gesamttiefe von 55 cm)

1 Spanplatte oder MDF, 1990 x 530 x 22 mm
1 Spanplatte oder MDF, 1990 x 430 x 22 mm
4 Linsenkopfbeschläge und Schwerlastkonsolen
1 Schaumstoffzuschnitt quaderförmig, 990 x 530 x 100 mm
1 Schaumstoffzuschnitt keilförmig, 990 x 100 (oben 30) x 430 mm
5 lfm Polstervlies, 100 x 20 cm
5 lfm Spannstoff und Bezugsstoff, 100 cm breit
Schaumstoffkleber, alternativ Silikon
12 Schlüsselschrauben, ø 8 x 100 mm
12 Kunststoffdübel, ø 12 mm
20 Holzschrauben, ø 4 x 25 mm

WERKZEUG:

Bohrmaschine bzw. Bohrhammer mit Steinbohrer, ø 12 mm
Steckschlüsselsatz mit verschiedenen Einsätzen
Akku- oder Netzschrauber, Bits passend zu den Holzschrauben
Hammer
Wasserwaage und Bleistift
Schleifpapier, Körnung 80
1 Hand- oder Elektrotacker

ANLEITUNG

POLSTERAUFBAU:

Kleben Sie die Schaumstoffblöcke auf Bankplatte bzw. Rückplatte. Danach Polstervlies so zuschneiden, dass es um die Kanten der Polsterelemente ca. 10 cm herumgeschlagen werden kann. Dort mit wenigen Tackerklammern befestigen. Danach den Spannstoff ebenso befestigen. Dabei den Stoff sehr fest ziehen. Abschließend den Bezugsstoff mit vielen Klammern faltenfrei befestigen. Die Ecken sauber einschlagen.
Befestigung des Sitzpolsters: Mit einer Wasserwaage eine waagerechte Linie in 33 cm Höhe an der Wand markieren, die Schwerlastkonsolen auf der gesamten Breite verteilen und mit Oberkante Wandstrich festdübeln. Sitzpolster auflegen und von unten durch die Konsolarme festschrauben.

MONTAGE DES RÜCKENPOLSTERS:

Die vier Linsenkopfbeschläge auf der Rückseite des Polsters festschrauben. Der Schraubenabstand seitlich beträgt 40 cm, die Höhe ist genau mittig an der Rückseite des Rückenpolsters. Die Lage der Schrauben an der Wand so anzeichnen, dass das Polster nach Einhängen unmittelbar über dem Sitzpolster hängt. Bohren, Dübel einstecken und danach die Schrauben so weit eindrehen, dass sie ca. 10 mm vorstehen. Danach das Polster einhängen.

FAMILIEN-STAMMTISCH

Im Möbelhaus sieht alles gleich aus? Bauen Sie sich Ihre Sitzbank doch einfach selbst!

Selbst ist der Tischler: Schwingtür

SIE BRAUCHEN

2 Leimholzplatten, Eiche,
1500 x 400 x 19 mm
2 Befestigungsleisten, Kiefer oder
Fichtenholz, 1400 x 20 x 20 mm
4 Pendeltürbänder
Acryllack in Weiß, seidenmatt
5 Holzschrauben, ø 5 x 50 mm
5 Holzschrauben, ø 5 x 70 mm,
5 Kunststoffdübel, ø 8 mm
Hartwachsöl, 750 ml

WERKZEUG:
Stichsäge mit Schweif-Sägeblatt
Bohrmaschine mit Holzbohrern,
ø 5 mm und 10 mm
Flachpinsel, 40 mm
Schraubendreher
Hammer
Wasserwaage und Bleistift
Schleifpapier, Körnung 100 und 180

ANLEITUNG

Beide Befestigungsleisten mit je 5 Bohrungen mit Durchmesser 5 mm versehen. Lage der Pendeltüren festlegen und mithilfe der Wasserwaage lotrecht anzeichnen. Abstand der Leisten zum Boden: 20 cm. Die Leisten müssen sich genau gegenüberliegen. Leisten festschrauben bzw. festdübeln, danach die Pendeltürbänder an den Leisten mit Schrauben befestigen. Dabei gilt: Der Abstand Leistenende bis Mitte Türband beträgt 20 cm. Türblätter auf Böcke legen und Gesamtbreite kontrollieren. Dabei die Dicke der Türbänder und den Abstand zwischen den Türblättern berücksichtigen. Türen auf die fertige Breite zuschneiden. Die obersten 15 cm erhalten einen dekorativen Abschluss, den Sie zuerst mit Bleistift frei Hand aufzeichnen. Danach mit der Stichsäge das Muster „ausschweifen". Wer möchte, bohrt im oberen Türbereich einige Löcher mit 10 mm Durchmesser. Die geben den Türen eine besonders spielerische Note. Danach alle Kanten mit Schleifpapier runden, Hartwachsöl auftragen, über Nacht trocknen lassen, vorsichtig anschleifen und nochmals ölen. Am nächsten Tag die Türen montieren.

Küche und Essecke sind im gleichen Stil eingerichtet und durch die Schwingtür optisch verbunden.

Royaler Rahmen: Küchentapete

SIE BRAUCHEN

Ornament-Tapetenstreifen
Klarlack
Kleister und Eimer
Kleisterquast
Tapezierbürste
Cutter
Nahtroller

ANLEITUNG

Messen Sie die Küchenfront aus und schneiden Sie die Tapete entsprechend mit ca. 10 cm Überstand zu. Dann auf dem Tapeziertisch mit der Rückseite nach oben auslegen. Tapetenstreifen per Quast einkleistern, zusammenlegen (ein Ende zu 2/3, das andere zu 1/3 umklappen), einweichen lassen. Setzen Sie die Tapetenbahn mit 2 bis 3 cm Überstand an der oberen Kante an. Vorsichtig nach unten entfalten und mit der Tapezierbürste ausstreichen – von der Mitte zu den Seiten hin. Überstände mit dem Cutter entfernen. Mit dem Nahtroller über die Kanten fahren, um diese gut zu fixieren. Die nächste Bahn setzen Sie auf Stoß, d. h. Kante auf Kante, an. Zum Schluss mit Klarlack streichen, damit die Tapete vor Spritzern geschützt ist.

Zur hellen Küche passt eine Wandgestaltung in kräftigen Tönen.

Königlich: Stuhlhusse

SIE BRAUCHEN

(für einen Standardstuhl)

Baumwollstoff, 250 x 140 cm
Näh-Grundausstattung

ZUSCHNITT
(alles inklusive Nahtzugabe)
Rechteck:
250 x 50 cm (Stuhl von vorn nach hinten messen)
2 Streifen: 5 cm x 50 cm
(Dicke und Höhe der Rückenlehne)
2 Trapeze: 52 cm oben, 58 cm unten (oben = Sitzflächentiefe, unten = Sitzflächentiefe plus 6 cm)

ANLEITUNG

Legen Sie das lange Rechteck über den Stuhl. Im Bereich der Rückenlehne seitlich die schmalen Streifen in passender Höhe abstecken. Stoffstreifen einnähen. Die Husse erneut über den Stuhl legen, die trapezförmigen Seitenteile abstecken und einnähen. Versäubern Sie die Schnittkanten und bügeln Sie die Nähte aus. Abschließend die Husse unten säumen, dann wenden und überziehen.

Im Pünktchen-Muster des Porzellans finden sich die Stoff-Farben wieder.

FAMILIEN-STAMMTISCH

Home made: Marmeladengläser

SIE BRAUCHEN

Stoffquadrate
Paketband
Klebe- oder Rubbelbuchstaben
Motivschere Zick-Zack

ANLEITUNG

Schneiden Sie die Kanten der Stoffquadrate mit der Motivschere nach, sodass ein Zick-Zack-Rand entsteht. Über den Glasdeckel legen und mit dem Paketband festzurren. Fixieren Sie zum Schluss den Schriftzug auf dem Glas. So nett verziert, muss sich Eingemachtes auch nicht mehr im Keller verstecken.

*I-Tüpfelchen auf der Tasse:
Der selbst gebackene Kaffeelöffel.*

Mini-Küche, ganz groß

Bei kleinen Küchen zählen eine durchdachte Einteilung und ein ausgewogenes Verhältnis von offenen und geschlossenen Stellflächen. Der Frühstücksplatz bietet schöne Aussichten auf die magnetische Memowand oder auf Uromas geheime Familienrezepte, die hier ganz offen ausgestellt sind.

MINI-KÜCHE

Klein, aber fein: Frühstücksplatz

SIE BRAUCHEN

HPL-Platte (Spanplatte mit Hochdruck-Laminat in Weiß)
Küchenregal
Unterschrank
Dekorleiste
Holzschrauben

ANLEITUNG

Lassen Sie die HPL-Platte im Baumarkt auf die gewünschte Länge zuschneiden. Beachten Sie dabei, dass die Platte wie ein Regalbrett in den Küchenschrank eingelegt wird. Hierfür die Breite und Tiefe des Regals ausmessen und die Arbeitsplatte entsprechend zuschneiden lassen. Die Kante, die aus dem Regal herausschaut, mit einer Dekorleiste einfassen. Stellen Sie das Küchenregal seitlich an die Wand, sodass es sich zum Essplatz hin öffnet. Der Unterschrank bildet am anderen Ende der Wand die zweite Auflagefläche für die Platte. Diese von unten mit den Holzschrauben per Hand fixieren.

TIPP:
Sommerleichtes Türkis verleiht der Küche eine freundliche Atmosphäre und vergrößert sie optisch. Kleine Farbtupfer in Hellblau und Pistazie setzen Akzente. Die weiße Wand- und Arbeitsfläche bricht das Blau und lockert es auf; gleichzeitig hält es die verschiedenen Küchenelemente zusammen. Der dunkelbraune Holzton gibt die nötige Tiefe.

Durch die umlaufende Arbeitsfläche entsteht ein kleiner Essplatz, an dem sich geschickt zwei Barhocker unterbringen lassen.

Magnetisch: Memo-Wand

SIE BRAUCHEN

Magnetfarbe
Schaumstoff- oder Lammfellrolle
Latexfarbe oder Acryllack in Türkis
Pinsel
Malerkrepp

ANLEITUNG

Hinter der weißen Wandfläche versteckt sich Magnetfarbe, sodass Notizen und Postkarten angeheftet werden können. Kleben Sie den Rahmen der Wandfläche mit Malerkrepp ab. Bereiten Sie den Untergrund möglichst glatt wie bei einem normalen Wandanstrich vor. Tragen Sie nun die Magnetfarbe mit der Rolle auf. 4 Stunden trocknen lassen, dann eine zweite Schicht auftragen und wieder trocknen lassen. Insgesamt drei Schichten Magnetfarbe auftragen, um eine optimale Magnetwirkung zu erzielen. Warten Sie 24 Stunden, bis Sie den Deckanstrich mit Latexfarbe oder Acryllack in Türkis aufbringen.

Auf der weißen Fläche machen sich farbige Magnete besonders gut.

FAMILIEN-STAMMTISCH

Bildschöne Rezepte

SIE BRAUCHEN

Klemmbilderrahmen
in Weiß und Türkis
weißes Papier
Farbdrucker
Füller

ANLEITUNG

Drucken Sie Ihre Lieblingsrezepte oder Rezepte, die Sie besonders häufig benötigen, auf weißes Papier aus und befüllen Sie damit den Klemmrahmen. Stellen Sie daneben einen Rahmen mit dem farbig ausgedruckten Foto zum Rezept. Besonders schön wirkt diese Ausstellung, wenn Sie einige Rezepte von Hand mit dem Füller schreiben oder Ihre Freunde bitten, Ihnen Rezeptempfehlungen handschriftlich zu notieren.

TIPP:
Die Rezepte lassen sich ganz leicht als Einkaufsliste in die Tasche stecken.

WOHN IDEE

VORHER

Aus einer kalten Essecke …

Was macht den Charme einer Wohnungseinrichtung aus? Warum fühlen wir uns in einigen Räumen intuitiv wohl, während andere kalt und unpersönlich auf uns wirken? Die Gründe dafür liegen oft im Unbewussten. Marketing-Profis nutzen das Wissen um die psychologische Wirkung von Farben, Gerüchen und Materialien längst aus. Einen kleinen Einblick erhalten Sie hier.

SIE BRAUCHEN

Wandfarbe in Flieder
schlichter Holztisch
in Natur und Weiß
verschiedene Holzstühle
in Natur und/oder Weiß
evtl. Plastikstühle in Weiß

ANLEITUNG

Wenn alle Stühle gleich aussehen, wirkt ein Esstisch fast ein bisschen langweilig. Deshalb gruppiert sich um diesen Frühstücksplatz ein munterer Stuhlmix. Den farblichen Rahmen halten aber alle ein: Weiß und Natur. Die gedämpften Töne beruhigen, denn die vertrauten Materialien aus der Natur empfinden wir als angenehm. Es tut gut, gewachsenes Holz zu berühren. Damit so viel Helligkeit nicht blass rüberkommt, setzt die Wand den Trendton Flieder dagegen. Der Lampenschirm ist aus feinem Birkenfurnier.

TIPP: KLEINE DETAILS VERSPRÜHEN CHARME

Eierwärmer sind ein fast unnötiges, aber sehr liebevolles Detail auf dem Frühstückstisch. Dasselbe gilt für frische Blumen oder besondere Servietten. Aber genau diese Kleinigkeiten machen den Charme und die Wärme eines Zuhauses aus.

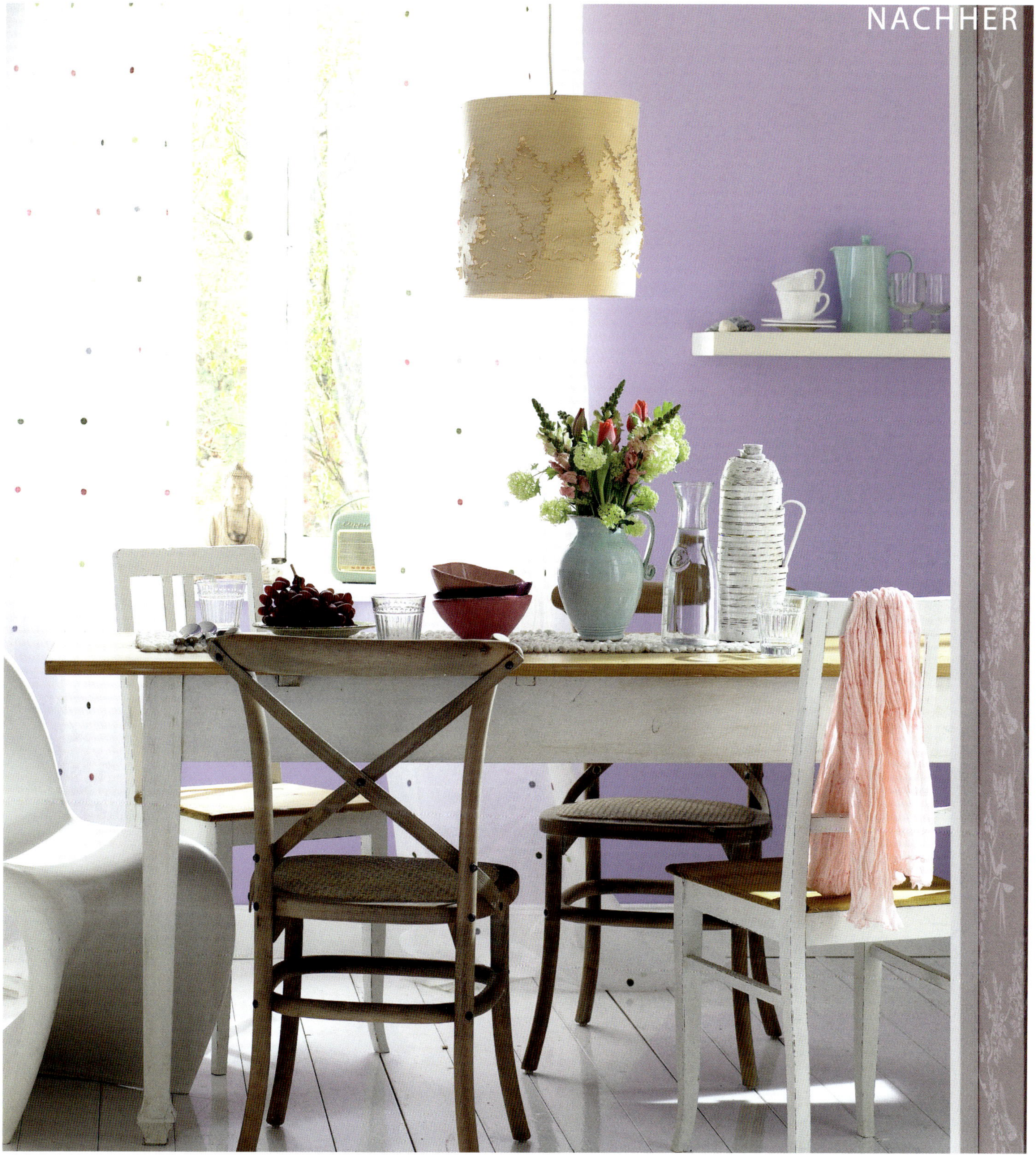

NACHHER

... wird ein charmanter Landhaus-Tisch

VORHER-NACHHER-TIPP AUS DER

VERWÖH
Baden

*Das Badezimmer ist der Ort, an dem der Tag beginnt.
Und zwar möglichst stressfrei.
Kein Problem! Mit charmanten Ideen schaffen
Sie sich Ihre Wellness-Oase für zu Hause.*

Familien-Bad

In diesem Badezimmer organisieren *liebevolle Details* den Familienalltag: Damit kein Streit aufkommt, erhält jedes Familienmitglied sein eigenes *Stoff-Körbchen* und seinen Platz an der Foto-Handtuchleiste. Und am Tafel-Spiegel hinterlassen Sie freundliche Botschaften für den nächsten Bade-Gast.

FAMILIEN-BAD

Bitte lächeln: Tafel-Spiegel

SIE BRAUCHEN

Bilderrahmen
Tafelfarbe in Grün
Lackierroller
Heißklebepistole und Heißkleber
Spiegel
Kreide in Weiß

ANLEITUNG

Lösen Sie die Rückfront des Bilderrahmens heraus und malen Sie diese mit grüner Tafelfarbe an. Gut trocknen lassen. Vorgang ggf. bis zu dreimal wiederholen. Rahmen wieder zusammensetzen. Kleben Sie nun den Spiegel mit Heißkleber in den Rahmen. Schreiben Sie mit Kreide eine Botschaft darunter.

Eine Botschaft für Morgenmuffel.

Kleinkariert: Wäschebeutel

Schönes Versteck für schmutzige Wäsche.

SIE BRAUCHEN

2 Geschirrhandtücher, weiß-blau kariert
1 Geschirrhandtuch, blau-weiß kariert
Vliesofix
Satinband in Weiß
Computer mit Drucker
Stift und Schere
Näh-Grundausstattung
Bügeleisen

ANLEITUNG

Drucken Sie die Buchstaben für „WÄSCHE" aus oder zeichnen Sie diese handschriftlich auf Papier. Anschließend als Vorlagen ausschneiden, auf die Papierseite von Vliesofix abpausen und grob ausschneiden. Mit der rauen Seite auf die linke Stoffseite des blau-weißen Handtuchs bügeln und genau ausschneiden. Ziehen Sie das Trägerpapier ab und legen Sie die Buchstaben mit der beschichteten Seite nach unten auf das weiß-blaue Handtuch, aufbügeln und mit einem engen Zick-Zack-Stich rot umranden. Halbieren Sie das Geschirrhandtuch einmal (rechts auf rechts) und steppen Sie die zwei Seitenkanten zusammen. Beutel wenden. In die obere Kante mehrere Knopflöcher einnähen und ein Satinband durchfädeln.

TIPP:

Vliesofix ist ein Haftvlies und eignet sich besonders für schnelle Applikationen auf Stoff.
Wichtig: Nach dem Aufbügeln sollten Sie die Applikation mit Zick-Zack-Stich umnähen, damit die Ränder nicht ausfransen. Anschließend ist es bis 60 Grad waschbar.

FAMILIEN-BAD

Verwöhn Dich: Badewannentablett

Für alle, die daran erinnert werden müssen, manchmal auch an sich selbst zu denken.

SIE BRAUCHEN

Holzbuchstaben
Acrylsprühfarbe in Weiß
Badewannentablett
Kleber (z. B. Uhu Creativ Kleber)
großer Bogen Papier

ANLEITUNG

Legen Sie die Holzbuchstaben auf einen großen Bogen Papier und sprühen Sie diese weiß an. Trocknen lassen. Auf die Rückseite den Kleber auftragen und Buchstaben mittig auf dem Badewannentablett fixieren.

Bunt gemustert: Stoff-Körbchen

SIE BRAUCHEN

geblümte Stoffe, je ca. 30 x 50 cm
Vlieseline
Schere
Bügeleisen
Näh-Grundausstattung

ANLEITUNG

Bügeln Sie die Vlieseline von links auf einen der Stoffe. Die Stoffe je rechts auf rechts zur Hälfte falten (25 x 30 cm), die Seitennähte steppen und die Kanten im Zickzackstich versäubern. Für den Boden: An einer der unteren Ecken die Stofflagen auseinanderziehen, sodass ein Dreieck entsteht. 6 cm von der Spitze entfernt absteppen (im 90°-Winkel zur Naht). Auf der anderen Seite den Vorgang wiederholen. Wenden Sie einen Stoff und schieben Sie den anderen Stoff hinein. Die oberen Kanten jeweils nach innen schlagen und beide Stoffe zusammensteppen. Zum Schluss die Kante nach außen 2-mal umkrempeln.

TIPP:
Je nach Lust und Laune kann das Körbchen gewendet werden.

Solche Körbchen können Sie natürlich auch einfach kaufen. Aber diese hier sind viel hübscher und vor allem einmalig.

FAMILIEN-BAD

Nicht nur zum Valentinstag: Tafelherz

SIE BRAUCHEN

dünnes Sperrholz
Tafelfarbe in Rot
Acrylfarbe in Weiß und Rosa
Kordel und Tafelkreide
Laubsäge
Schleifpapier
Bohrmaschine
Pinsel

ANLEITUNG

Zeichnen Sie ein Herz auf Sperrholz vor und sägen Sie es mit der Laubsäge aus. Mit der Bohrmaschine zwei Löcher zum Aufhängen bohren und die Kanten abschmirgeln. Malen Sie das Herz mit Tafelfarbe an, gut trocknen lassen (ggf. mehrmals wiederholen). Mit der weißen Farbe kleine Punkte am Rand des Herzens auftragen und wieder gut trocknen lassen. Auf die weißen Punkte erneut kleinere rosafarbene Punkte mit Acrylfarbe setzen und trocknen lassen. Ziehen Sie die Kordel zum Aufhängen durch die vorgebohrten Löcher. Schreiben Sie mit Kreide eine Botschaft auf das Herz und hängen Sie es im Badezimmer auf.

Ton in Ton: Badezimmer-Galerie

SIE BRAUCHEN

Bilderleisten
Acrylfarbe im Farbton der Wand
Bohrmaschine
Schrauben

ANLEITUNG

Streichen Sie die Bilderleisten mit der Acrylfarbe im gleichen Farbton wie die dahinterliegende Wand. Bringen Sie die Holzleisten dann im gleichen Abstand untereinander an der Wand an. Einen besonders schönen Effekt erzielen Sie, wenn Sie vor der farbigen Wand weiße Bilderrahmen oder Accessoires aufstellen.

FAMILIEN-BAD

Platz da!
Foto-Handtuchhalter

SIE BRAUCHEN

Hakenleiste aus Holz
MDF-Fotorahmen
Acrylfarbe
Fotos
Pinsel

ANLEITUNG

Einen ähnlichen Handtuchhalter wie auf der Abbildung können Sie auch leicht aus Holz nachbauen: Bringen Sie dazu auf einer Holzleiste über den Haken kleine MDF-Fotorahmen an, streichen Sie alles mit der gewünschten Acrylfarbe und befüllen Sie jeden Rahmen mit dem Foto eines Familienmitglieds. So weiß jeder gleich, wo sein Handtuch hängt.

*Verwechslung ausgeschlossen:
Fotos erleichtern die Ordnung und verbreiten gute Laune!*

VORHER

Aus einem Mini-Gäste-WC ...

Meist wird das WC als ein funktioneller Bereich ohne viel Charme eingerichtet. Aber warum nicht einmal kreative Wege einschlagen und der Gäste-Toilette einen maritimen Touch verleihen? Der abgestufte Farbverlauf aus Blockstreifen verleiht dem Raum Weite und spielerische Leichtigkeit.

SIE BRAUCHEN

Wandfarbe in Dunkelblau,
Hellblau und Pastellblau
Malerrolle
Abstreifgitter
Malerkrepp und Abdeckfolie
Teleskopstiel
Wasserwaage

ANLEITUNG

Kleben Sie zuerst alle angrenzenden Wandpartien mit Malerkrepp ab und legen Sie den Boden mit Abdeckfolie aus. Die Blockstreifen dünn mit Bleistift auf der Wand vorzeichnen. Dabei am besten eine Wasserwaage zu Hilfe nehmen. Den ersten Streifen mit Malerkrepp abkleben und aufwalzen. Trocknen lassen. Den bereits farbig gestrichenen Streifen abkleben und den nächsten Farbton mit der gut gesäuberten Rolle auftragen. So fortfahren. Achten Sie darauf, die Malerrolle waagerecht zu führen.

TIPP: ECKEN ZUERST

Streichen Sie bei einem Wandstrich grundsätzlich zuerst die Ecken, dabei immer vom Fenster aus anfangen. Für die kleinen Flächen in den Ecken, Fußleisten und Heizkörpern nehmen Sie einen Pinsel. Fußleisten müssen mit Lackfarbe und Heizkörper mit hitzebeständiger Spezialfarbe gestrichen werden.

NACHHER

... wird ein stilles Örtchen mit Flair

VORHER-NACHHER-TIPP AUS DER

Romantisch-rustikales Bad

In diesem Bad treffen sich Alt und Neu, eine Gartenleiter macht sich als Stummer Diener schön und nützlich. Kissen und Nackenstützen schaffen Gemütlichkeit und der barocke Spiegel setzt ein Highlight.

ROMANTISCH-RUSTIKALES BAD

Stummer Diener

SIE BRAUCHEN

Holzleiter
Rohrummantelung mit Innenmaß
des Sprossendurchmessers
Frottierhandtuch, ca. 50 x 70 cm
Gummiband, ca. 20 cm, (1 cm breit)
Klettband, ca. 50 cm
Flauschband, ca. 50 cm

ANLEITUNG

Messen Sie die Sprossenlänge aus und schneiden Sie die Rohrverkleidung kürzer.
Diese ist auch die Grundlage für den Zuschnitt des Handtuchs, das mit 6 cm Nahtzugabe an der Längsseite sowie 10 cm für die Endabschlüsse an der Schmalseite in ein rechteckiges Stück zurechtgeschnitten wird.
Nun jeweils in einem Abstand von 2,5 cm zu den äußeren Enden rechts und links unter starkem Zug dünne Gummibänder aufnähen, die die Verkleidung an den Seiten verdecken.
Zuletzt beide Längsseiten je 2 cm umlegen und an einer Seite auf der rechten Stoffseite das Klettband und an der anderen Seite auf der linken Stoffseite das Flauschband annähen. Damit der Bezug vollständig geschlossen werden kann, über die Gummibänder hinwegnähen.

Auf dem Stummen Diener wird Kleidung über Nacht aufbewahrt, die man am nächsten Tag wieder anziehen möchte.

Gemütlich: Kissen und Nackenstütze

SIE BRAUCHEN

FÜR DIE NACKENSTÜTZE
Handtuch
Gummiband
aufblasbare Nackenstütze
mit Saugnäpfen

FÜR DAS KISSEN
2 Handtücher
mit Fransen
Kissenfüllung
Näh-Grundausstattung

ANLEITUNG

FÜR DIE NACKENSTÜTZE
Zunächst den Zuschnitt berechnen. Dabei sollten zu beiden Seiten der Nackenstütze je 30 cm überstehen. Ermitteln Sie dann den Umfang der Rolle für die Stofflänge und geben je 4 cm Nahtzugabe an den Längsseiten dazu. Dann die Kanten rechts und links ca. 1,5 cm doppelt einschlagen und säumen. Ober- und Unterkante versäubern, 2 cm nach innen einschlagen und abnähen.
Jetzt jeweils 10 cm von rechter und linker Kante entfernt die Gummibänder unter Zug aufsteppen. So bleibt der Bezug hinten offen, und die Rolle kann mit den Saugnäpfen an der Wanne befestigt werden.

FÜR DAS KISSEN
Schneiden Sie die Handtücher auf die Größe Ihrer Kissenfüllung zu, addieren Sie dabei jeweils 1 cm Nahtzugabe pro Seite und lassen Sie die Fransen dran. Legen Sie dann beide Handtücher rechts auf rechts, so dass oben und unten eine Fransenseite herausschaut. Schließen Sie drei Kanten mit einer Steppnaht, drehen Sie die Hülle auf rechts und füllen Sie das Kissen ein. Schließen Sie zum Schluss auch die vierte Kante mit einer Steppnaht.

ROMANTISCH-RUSTIKALES BAD

Barock: Spiegel

SIE BRAUCHEN

Serviette
Spiegel mit Holzrahmen
Serviettenkleber
Schere
weicher Pinsel

ANLEITUNG

Schneiden Sie das Serviettenmotiv aus, ziehen Sie die obere Lage der Serviette ab und legen sie diese auf den Rahmen des Spiegels. Den Serviettenkleber mit einem weichen Pinsel vorsichtig von innen nach außen über das Serviettenmotiv streichen, trocknen lassen. Zur besseren Fixierung streichen Sie das Motiv am besten ein zweites Mal mit Serviettenkleber ein.

VORHER

Aus der alten Konsole ...

Konsolen finden ihren Platz meist im Flur, manchmal auch im Wohnzimmer. Im Bad sind sie ein absolutes Highlight, denn man kann sie hier auf ungewöhnliche Weise inszenieren: Aus dieser weißen Konsole wird ein reizender Waschtisch.

SIE BRAUCHEN

Vorlack
Buntlack in Rosa
Lackpinsel und -rolle
Schleifklotz und -papier
Bleistift
Bohrer
Stichsäge

Waschbecken
Siphon

ANLEITUNG

Bevor Sie loslegen, messen Sie die Höhe des Konsoltischs nach und korrigieren sie eventuell – die Oberkante des Waschbeckens sollte in ca. 85 cm Höhe sein.
Dann das Becken in die Mitte der Konsole setzen und den Ausschnitt anzeichnen. Anschließend in die auszuschneidende Fläche ein Loch bohren, Stichsäge darin ansetzen und die vorgezeichnete Fläche ausschneiden.

Kanten mit Schleifpapier glätten. Nun die Position und Lage von Leitungen und Siphon prüfen, damit am Ende keine Nachbesserungen notwendig sind. Verwenden Sie einen sehr flachen Siphon, der gut hinter der großen Blende verschwindet. Sind die konstruktiven Details geklärt, wird das Möbel lackiert.
Zuletzt alle Teile zusammenbauen und die Leitungen anschließen.

TIPP: UND SO LACKIEREN SIE IN GUTER QUALITÄT

Schleifen Sie die Oberfläche sorgsam an und bringen Sie den Vorlack auf. Den Pinsel dabei stets in Maserrichtung führen.
Wenn der Lack durchgetrocknet ist, wird vor dem Buntlack ein Zwischenschliff mit feinem Schleifpapier fällig, damit die beiden Lackschichten gut aufeinanderhaften.

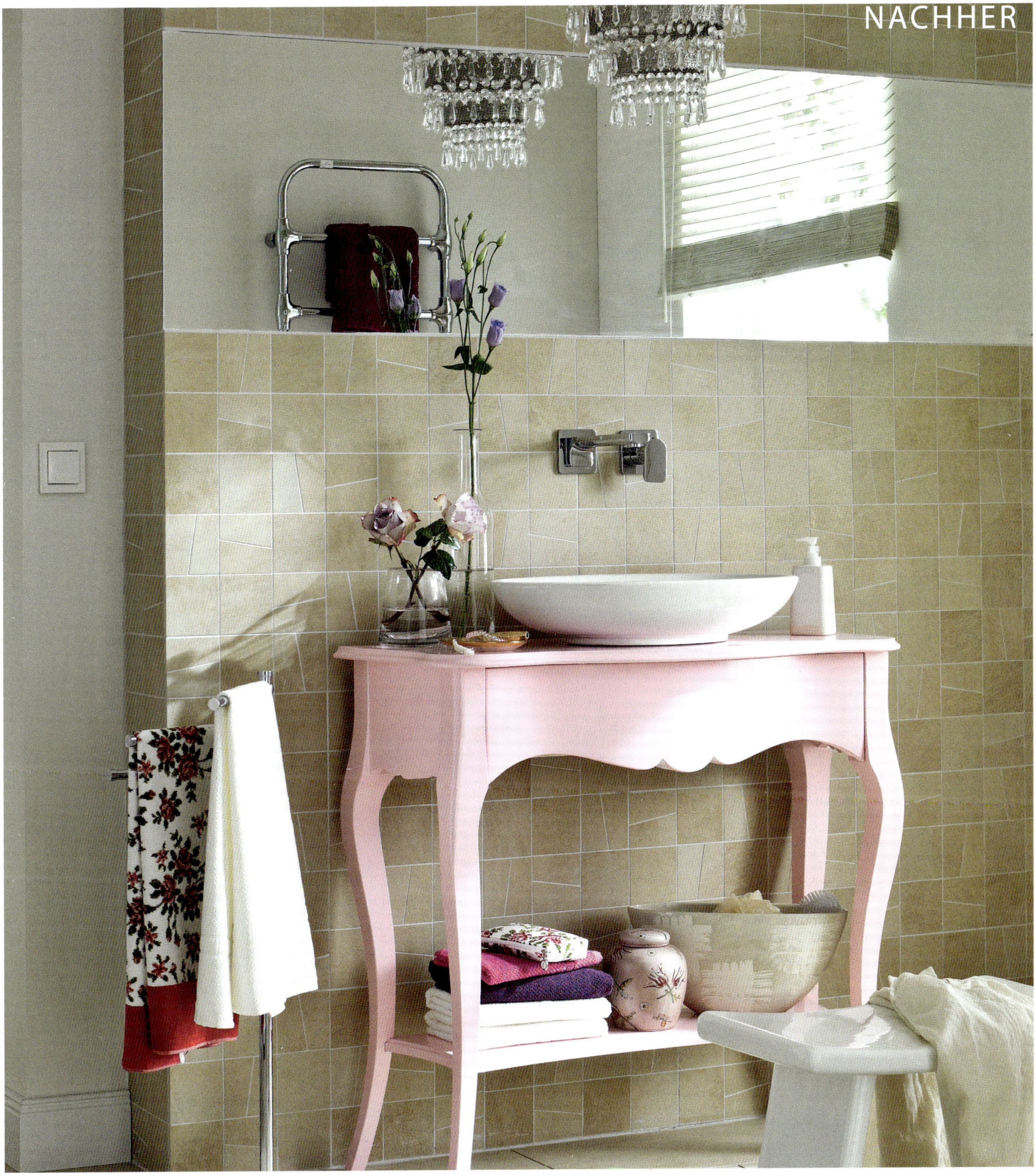

NACHHER

… wird ein Romantik-Waschtisch

VORHER-NACHHER-TIPP
AUS DER

Das Schlafzimmer ist der persönlichste Raum der Wohnung – Ihre private Wellness-Oase, in der Sie zur Ruhe kommen und ganz Sie selbst sein können. Träumen Sie gut!

Romantisches Schlafzimmer

Ein schönes Rosa sorgt im Schlafzimmer für Ruhe und Gelassenheit. Pastelltöne eignen sich als Wandgestaltung immer gut, um Entspannung in einen Raum zu bringen. Eine Strick-Kissenparade, Spitzen-Optik auf dem Schrank und liebevoll genähte Kleiderbügel tun ihr Übriges.

Auf Kuschelkurs: Kissen

SIE BRAUCHEN

Kissenfüllungen à
40 x 40 cm
Reste von Pullovern,
dekorativen Stoffen,
gehäkelter Gardine
Netzstoff
Zierblüte
Handnähgarn
Näh-Grundausstattung

ANLEITUNG

Verwenden Sie für diese Kissen Pullover, gehäkelte Gardinen oder Teile, die nie fertig geworden sind (und wohl auch nicht mehr fertig werden). Schneiden Sie daraus je 2 Kissenplatten à 42 x 42 cm. Falls die Stücke nicht mehr groß genug sind, können Sie sie auch patchen und mehrere Stücke zunächst auf die erforderliche Größe zusammennähen.
Versäubern Sie die Schnittkanten ringsum mit einem Zickzackstich.

Nähen Sie zwei Quadrate rechts auf rechts bis auf eine Wendeöffnung von ca. 20 cm rundum zusammen. Wenden, Kissenfüllung hineinschieben und Wendeöffnung von Hand verschließen. Für die Stoffblümchen können Sie aus Netzstoff lange Streifen schneiden, die Sie an einer Kante einreihen und zum Kreis zusammenziehen, Faden verknoten, auf der Kissenvorderseite aufnähen, dabei gleichzeitig eine Zierblüte festnähen.

Diese Zierkissenparade gibt weichen Rückhalt für gemütliche Kuschelstunden.

Optische Täuschung: Tapetentür

SIE BRAUCHEN

Vinyltapetenstücke
spezieller Kleister mit hoher
Klebkraft
evtl. Klarlack
Tapezierbürste
Schaumrolle
Pinsel

ANLEITUNG

Bauen Sie die Gleittüren aus dem Schrank aus und schrauben Sie evtl. vorhandene Griffe ab. Kunststoff-beschichtete Möbel erfordern wegen ihrer glatten Oberfläche speziellen Kleister mit hoher Klebkraft. Anrühren und mit dem Pinsel auf die Flächen streichen. Besonders sorgfältig sollten sie jene Partien einkleistern, die später oft angefasst werden. Die Tapetenstücke aufbringen und mit einer Tapezierbürste ausstreichen. Mit einer Schaumrolle noch einmal darüberrollen. Wer mag, versiegelt die Flächen mit Klarlack.

TIPP:
Vinyltapeten bestehen aus Polyvinylchlorid (PVC) und einem Papierträger und sind sehr strapazierfähig. In die Vinylschicht werden oft reliefartige Strukturen eingebracht, um raffinierte optische Effekte zu erzielen. Gegenüber den meisten herkömmlichen Tapeten haben sie den Vorteil, dass sie sich leicht wieder entfernen lassen. Dazu einfach die untere Ecke der Bahn mit dem Fingernagel oder einem Messer anheben und dann die ganze Bahn von der Wand abziehen. Ziehen Sie dabei vorsichtig nach oben und nicht nach außen, damit die Rückseite nicht in ungleichmäßige Streifen gerissen wird. Nach dem Abziehen verbleibt eine dünne Trägerschicht an der Wand, die als Untergrund für den neuen Wandbelag dienen kann.

Auf den ersten Blick wirken die Fronten wie gehäkelte Spitze.

ROMANTISCHES SCHLAFZIMMER

Verkleidet: Kleiderbügel

SIE BRAUCHEN

Baumwollstoff
verschiedene Deko-Bänder
Volumenvlies zum Aufbügeln
Kleiderbügel aus Holz
Näh-Grundausstattung

ANLEITUNG

Zeichnen Sie die Form des Kleiderbügels auf Papier nach und markieren Sie die Position des Kleiderbügelhakens. Dabei der Form rundum ca. 2 cm zugeben und ausschneiden. Den Papierschnitt auf den doppelt gelegten Stoff legen und zuschneiden, dabei rundum noch einmal 1 cm zugeben.
Das Volumenvlies zweimal in der Stoffgröße zuschneiden und auf die beiden linken Stoffseiten bügeln. Die Stoffteile rechts auf rechts zusammennähen, dabei die untere Kante offen lassen. Den Saum zurückschneiden, wenden und die untere Kante mit Matratzen- bzw. Leiterstich von Hand zusammennähen. Den Kleiderbügelhaken vorsichtig durch den Stoff bohren und eindrehen. Zum Stoff passende Schleifen um den Haken binden.

Viel zu schön, um nur im Schrank zu hängen.

Aufgehängt:
Schmuck von der Stange

SIE BRAUCHEN

Küchenstange mit S-Haken
Suppenkellen
Fonduesiebe

ANLEITUNG

Bringen Sie die Küchenstange in einer Nische an der Wand an. Hängen Sie die Suppenkellen und Fonduesiebe daran auf und verteilen Sie Ihre Schmuckschätze.

Wer sagt, dass Kellen und Siebe nur in der Küche zum Einsatz kommen?!

ROMANTISCHES SCHLAFZIMMER

Verträumt: falsche Wand

SIE BRAUCHEN

Spanplatte
Tapete
Tapetenkleister
Tapezierbürste
Schaumrolle
Schleifpapier

ANLEITUNG

Rauen Sie die Spanplatte mit Schleifpapier etwas auf, schneiden Sie die Tapete nach den Maßen der Spanplatte zu. Dann den Kleister anrühren und auf die Flächen streichen.

Die Tapetenstücke aufbringen und mit einer Tapezierbürste ausstreichen. Mit einer Schaumrolle noch einmal darüberrollen.

Hübsches Ensemble: Auf der Bettwäsche und den Kissen tauchen die Farben der Wandverkleidung wieder auf.

Folklore-Schlafzimmer

Ein Schlafzimmer für Weltenbummler, mit zarten Accessoires, die an ferne Länder erinnern: eine Blümchen-Borte für den Lampenschirm, ein Sitzpouf wie aus Indien und eine mexikanische Stoffbordüre für die Wand.

FOLKLORE-SCHLAFZIMMER

Alpenglühen: Lampenschirm mit Zierborte

SIE BRAUCHEN

Stehlampe mit Lampenschirm
aus Stoff
Zierborte von der Rolle
Messband
Textilkleber

ANLEITUNG

Die Zierborte am Leuchtschirmrand erinnert an bayerische Trachtenmode.

Messen Sie den Umfang des Lampenschirms mit einem flexiblen Messband aus und schneiden Sie die Zierborte auf die entsprechende Länge. Das Schmuckband wird mit Textilkleber auf dem Lampenschirm fixiert.

Schickes Provisorium: Eine Überseekiste verströmt als Nachttisch den Duft der großen, weiten Welt.

Orientalisch: Pouf mit Pomponborte

SIE BRAUCHEN

Schaumstoffkern,
ø ca. 70 cm, Höhe 30 cm
fester Stoff (z. B. Denim), 2,5 m
Pomponborte, 2,5 m
Kordel
Näh-Grundausstattung

ZUSCHNITT:
1 Kreis, ø 73 cm
1 Stoffstück, 33 x 225 cm
1 Stoffstück, 15 x 225 cm
alles inklusive Nahtzugabe

ANLEITUNG

Alle Teile rundherum mit Zickzackstich versäubern. Die Pomponborte ca. 3 cm von der Kante entfernt an den breiten Streifen steppen. Den breiten Streifen um den Schaumstoffkern legen, die passende Breite abstecken und den Streifen rechts auf rechts zu einem Ring zusammensteppen. Nähte auseinanderbügeln.
Den schmalen Streifen ringsherum an der Kante ohne Borte am breiten Streifen rechts auf rechts feststeppen. Die kurzen Kanten nach innen umlegen und ebenfalls feststeppen. Die lange Kante des schmalen Streifens doppelt 1 cm nach innen umlegen und zu einem Tunnel feststeppen. Den Stoffkreis oben am Stoffring feststecken und ansteppen. Kanten zur Seite bügeln und vorsichtig ringsherum feststeppen.
Eine Kordel durch den schmalen Tunnel fädeln, den Bezug über den Schaumstoffkern ziehen und die Kordel zusammenziehen. Gegebenenfalls dämpfen.

Ein aufregender Kontrast:
edles Weiß und verspielte Borte.

FOLKLORE-SCHLAFZIMMER

Mexikanisch: Bollywood-Bordüre

SIE BRAUCHEN

Stoffbordüre, ca. 25 cm breit
doppelseitiges Klebeband

ANLEITUNG

Je nachdem, ob Sie nur eine Wand mit der Bordüre schmücken möchten oder das ganze Zimmer, messen Sie die Länge der Wandfläche aus.
Die Bordüre zuschneiden und mit dem Klebeband an der Wand befestigen. Aufgrund der Länge arbeiten Sie dabei am besten zu zweit.

TIPP:
Auch als Deko für eine mexikanische Party eignet sich die Wandverzierung prima. Am nächsten Morgen lässt sich alles ganz leicht wieder ablösen.

Landhaus-Schlafzimmer

In diesem *rustikal-modernen* Schlafzimmer fühlen Sie sich wie im Landhaus: Ein dickes Betthaupt lädt zum *Anlehnen* ein, die Vorhänge haben sich *herausgeputzt* und in der Nische findet ein zauberhafter *Schminktisch* seinen Platz.

LANDHAUS-SCHLAFZIMMER

Hauptsache bequem: Betthaupt

SIE BRAUCHEN

Schaumstoffblock in gewünschter Größe, z. B. 100 x 90 x 15 cm
hellbraun karierter Baumwollstoff, ca. 2,30 m (140 cm breit)

ANLEITUNG

Schneiden Sie 2 Rechtecke zu, die so breit und hoch sind wie der Schaumstoffblock plus die Tiefe sowie 2 Nahtzugabenbreiten (2 cm). Setzen Sie die Rechtecke ggf. zuvor aus jeweils zwei Stoffstücken zusammen, wenn sie nicht aus einer Stoffbahn geschnitten werden können.
Nähen Sie die beiden Rechtecke ringsum bis auf eine lange Wendeöffnung an einer Längsseite zusammen. Bügeln Sie die Nahtzugaben der Wendeöffnung jeweils auf die linke Stoffseite.
Nähen Sie an allen vier Ecken Bodennähte wie folgt: Legen Sie an einer Ecke beide Nähte bündig übereinander. Streichen Sie das Dreieck flach und ermitteln Sie, an welcher Stelle das Dreieck so breit wie die Tiefe des Schaumstoffblocks ist. Zeichnen Sie diese Linie mithilfe eines Geodreiecks im 90°-Winkel zur Naht ein und steppen Sie sie ab. Schneiden Sie das Dreieck bis auf Nahtzugabenbreite zurück. Verfahren Sie so auch an den anderen drei Ecken. Wenden Sie den Bezug, ziehen sie ihn über den Schaumstoffblock und schließen Sie die Wendeöffnung von Hand mit Leiterstichen.

Gedeckte Rottöne dominieren in diesem Raum. Sie strahlen Wärme und Behaglichkeit aus.

VORHER

Aus einem leeren Raum …

Für ein verträumt-sinnliches Schlafzimmer wie dieses arrangieren Sie Korb- und weiße Holzmöbel, Blütendessins und leuchtende Violetttöne als Akzent. Die Vorhänge tragen einen witzigen Matrosenkragen, den Sie ganz leicht selbst nähen können.

SIE BRAUCHEN

gemusterter Dekostoff, 2-mal ca. 2,5 m (150 cm breit)
für die Gardine
dunkelroter Uni-Dekostoff, 2-mal ca. 1,5 m (150 cm breit)
für den Saum und den Überschlag
breites Satinband in Weiß, 8–9 m

ANLEITUNG

Jedes Mittelstück besteht aus einer Stoffbahn. Schneiden Sie für den Saum einen Streifen in doppelter Breite zu. Versäubern Sie die Längskanten des Mittelstücks und des Saums. Nähen Sie den Saum rechts auf links an die untere Kante des Mittelstücks. Schlagen Sie den Saum zur Vorderseite bis zur Nählinie. Nähen Sie über die offene Stoffkante des Saums ein Satinband, um sie zu versäubern.
Für den Überschlag legen Sie zwei Rechtecke (Stoffbreite x Höhe des geplanten Überschlags) rechts auf rechts aufeinander und nähen sie oben und an den Seiten zusammen, für die obere Kante zeichnen Sie zuvor die Spitze im gewünschten Winkel auf. Schneiden Sie überstehenden Stoff auf Nahtzugabenbreite (1 cm) zurück und die Ecken schräg ab. Überschlag verstürzen, bügeln und Satinband im gleichmäßigen Abstand zu den genähten Außenkanten aufnähen (dies ist die rechte Seite). Die offenen Kanten rechts auf links mit der Oberkante des Mittelstücks zusammennähen. Klappen Sie den Überschlag nach vorne und steppen Sie einen Tunnel für die Gardinenstange in erforderlicher Breite ab.

TIPP: SPIEGELKABINETT

Statt eines großen Spiegels: Bringen Sie mehrere kleine Wandspiegel in Natur und Weiß so an, dass sie mit der unteren Kante auf der gleichen Höhe abschließen. Im Tischspiegel wiederholt sich das Herz als verbindendes Element noch einmal. Damit Sie auch in der Nische immer im besten Licht dastehen, installieren Sie eine kleine Wandleuchte.

... wird ein traumhaftes Schlafzimmer

Maritimes Schlafzimmer

*Wie holt man eine **frische Brise** ins Schlafzimmer? Mit himmelblauer **Wandfarbe** und einer reinweißen Decke erscheint der Raum viel höher. Dazu kommen ein romantischer **Nachtschrank**, eine Fifties-Garderobe und ein Teppich, der nach **Meer** aussieht.*

MARITIMES SCHLAFZIMMER

Nostalgisch: Shabby-Nachtschrank

SIE BRAUCHEN

Nachtschrank
Acrylfarbe in Cremeweiß
Holzwachs oder Holzöl
weicher Flachpinsel,
Größe 40
weiches Tuch
Schleifpapier, Körnung 80
Malerkreppband

ANLEITUNG

Entfernen Sie zunächst alte Lackschichten durch Abschleifen oder Aufrauen mit Schleifpapier. Kleben Sie dann die obere Platte mit dem Malerkreppband ab und grundieren Sie den Korpus des Schränkchens mit Acrylfarbe in Cremeweiß. Gut trocknen lassen. Kleben Sie dann den Korpus ab und tragen Sie auf der oberen Platte das Wachs oder das Öl mit einem weichen Tuch in Richtung der Maserung dünn auf. Schleifen Sie nun mit dem Schleifpapier die Ecken und Kanten des Schränkchens leicht an, damit das darunterliegende Holz wieder etwas durchscheint.

Der auf alt getrimmte Nachttisch unterstreicht die nostalgische Stimmung und bietet viel Platz für Bücher und mehr.

Farbiger Rahmen: Teppichfliesen

SIE BRAUCHEN

Teppichfliesen
Cutter
Kreide

ANLEITUNG

Der Teppichboden besteht aus einzeln verlegten Fliesen: Sie lassen sich wunschgemäß zuschneiden und ermöglichen dadurch Einlegemuster wie die Bettumrandung. Mit ihrer leuchtenden Farbe weckt sie Assoziationen an Himmel und Meer – und macht das Bett zur Insel im Raum.
Beginnen Sie mit dem Verlegen in der Raummitte, die Sie zuvor mit einem Kreidekreuz markiert haben. Von dort aus verlegen Sie die Fliesen im Schachbrettmuster. Bei sogenannten selbstliegenden Fliesen ist Verkleben nicht nötig. Am Rand angekommen schneiden Sie die letzten Fliesen mit einem scharfen Cuttermesser zurecht. Die unregelmäßige Schnittkante können Sie unter einer Sockelleiste verstecken.

TIPP:
Wenn Sie keine Teppichfliesen verlegen wollen oder einen Parkettboden haben, können Sie Ihr Bett auch auf einen einfarbigen Teppich stellen und so „einrahmen".

Der Teppich greift das Farbschema von Wand und Decke musterhaft wieder auf.

MARITIMES SCHLAFZIMMER

Punktlandung: Garderobe

SIE BRAUCHEN

alte Holz-Garderobe mit Kugelknöpfen
Acrylfarbe in Weiß
Schraubenzieher
Flachpinsel
Schleifpapier, Körnung 80

ANLEITUNG

Schrauben Sie die Haken zunächst vom Garderoben-Brett ab und säubern Sie das Holz mit dem Schleifpapier aus. Streichen Sie dann das Brett in Richtung der Holzmaserung sowie die Garderobenknäufe mit weißer Acrylfarbe. Gut trocknen lassen. Schrauben Sie die Haken wieder an das Brett und befestigen Sie die Garderobe an der Wand.
Ketten und Schals hängen dort genauso dekorativ wie ein Kleid oder ein Pyjama.

TIPP:
Wohnen wie in den Fifties: Dazu gehören charmante Details wie Schleifchen am Sofa, geblümtes Geschirr oder zarte Punkte. Der weibliche Einfluss darf sich bei diesem Stil in der Einrichtung deutlich zeigen.

Der Pünktchen-Pyjama passt hier zwar besonders gut, aber selbstverständlich dürften es auch Streifen sein.

Projekte-Quickfinder

Namensschilder am Schuhschrank	11
Wandtafel und Schmuckknäufe	12
Tapeten-Deko und Memo-Nadelkissen	13
Familiengalerie	14
Schlüsselkasten	15
Sitzbank	17
Kissenbezug	18
Ordnungshüter	19
Vogelhäusschen-Garderobe	21
Schuhschrank und Schuhkartons	22
Wandbord mit Zierprofil	23
Spiegelkommode (Vorher-Nachher)	24
Häkelschütten	29
Lampenschirm	30
Bezug für Karton	31
Gehäkelte Obstschale	33
Falscher Kaminsims	34
Stuhlkissen	35
Zierborte für die Wand (Vorher-Nachher)	36
Sofa-Überwurf	39
Sesselhusse	40
Bilderrahmen mit Schleife	41
Sitzpouf	42
Schubladenverkleidung	43
Papierblumen	44
Blumenteller an der Wand	45
Memo-Schranktür	49
Schreibtischplatte	50
Wanddeko	51
Bücherbord	52
Fenster-Galerie	53
Stoff-Atelier (Vorher-Nachher)	54
Bemaltes Porzellan	57
Sitzkissen	58
Faltstores	59
Sesselhusse	60
Tassen-Garderobe	65
Altes Porzellan	66
Falsche Diamanten	67
Wanddeko	68
Kühlschrankmagnete	69
Fifties-Anrichte	70
Kräutertöpfe	73
Krüge als Besteckhalter	74

Rezepte in Tüchern	75
Kuh aus Tafelfolie	76
Kräutergarten an der Wand	77
Sonnen-Uhr	78
Besteckkasten	79
Pfannen-Uhr (Vorher-Nachher)	80
Tischdecke mit zwei Mustern	85
Memoboard im Schrank	86
Brotkorb und Schleifenkissen	87
Flaschenständer (Vorher-Nachher)	88
Schnuppergedeck	91
Polsterbank	92
Schwingtür	94
Küchentapete	95
Stuhlhusse	96
Marmeladengläser	97
Frühstücksplatz	99
Memo-Wand	100
Bildschöne Rezepte	101
Landhaus-Tisch (Vorher-Nachher)	102
Tafel-Spiegel	107
Wäschebeutel	108
Badewannentablett	109
Stoff-Körbchen	110
Tafelherz	111
Badezimmer-Galerie	112
Foto-Handtuchhalter	113
Gäste-WC (Vorher-Nachher)	114
Stummer Diener	117
Kissen und Nackenstütze	118
Barocker Spiegel	119
Waschtisch (Vorher-Nachher)	120
Kuschelkissen	125
Tapetentür	126
Kleiderbügel	127
Schmuck von der Stange	128
Falsche Wand	129
Lampenschirm mit Zierborte	131
Pouf mit Pomponborte	132
Bollywood-Bordüre	133
Betthaupt	135
Matrosen-Vorhang (Vorher-Nachher)	136
Shabby-Nachtschrank	139
Teppichfliesen	140
Garderobe	141

Hilfestellungen zu allen Fragen, die Materialien und Bastelbücher betreffen:
Frau Erika Noll berät Sie. Rufen Sie an: 05052/911858*

*normale Telefongebühren

IMPRESSUM

FOTOS: **frechverlag GmbH, 70499 Stuttgart; fotolia.de:** marcfotodesign, Seite 88 (Tipp-Foto); Sandro Götze, Seite 114 (Tipp-Foto); Ina Schoenrock, Seite 120 (Tipp-Foto); Elena Andreera, Cover unten rechts, Vor- und Nachsatz; **Wohnidee** über deco&style (alle übrigen)

PRODUKTMANAGEMENT: Melanie Schölzke, Doreen Schindler

LEKTORAT: Doreen Schindler

GESTALTUNG UND SATZ: elektrolyten, Petra Schmidt, München, www.elektrolyten.de

DRUCK UND BINDUNG: Neografia, Slowakei

Materialangaben und Arbeitshinweise in diesem Buch wurden von der Autorin und den Mitarbeitern des Verlags sorgfältig geprüft. Eine Garantie wird jedoch nicht übernommen. Autorin und Verlag können für eventuell auftretende Fehler oder Schäden nicht haftbar gemacht werden. Das Werk und die darin gezeigten Modelle sind urheberrechtlich geschützt. Die Vervielfältigung und Verbreitung ist, außer für private, nicht kommerzielle Zwecke, untersagt und wird zivil- und strafrechtlich verfolgt. Dies gilt insbesondere für eine Verbreitung des Werkes durch Fotokopien, Film, Funk und Fernsehen.

1. Auflage 2011

© 2011 **frechverlag** GmbH, 70499 Stuttgart

ISBN 978-3-7724-6821-6

Best.-Nr. 6821